小学校 算数
「学び合い」を成功させる課題プリント集

西川 純・木村 薫
編著

1年生

本書の特徴

　『学び合い』は成績が上がります。特に、全国学力テスト（全国学力・学習状況調査）の点数は驚異的に上がります。

　ある小学校をサポートしました。『学び合い』の良さを分かっていただき、学校全体として『学び合い』に取り組むようになりました。その後、新しい校長が赴任してきました。その校長は以前より『学び合い』の授業を参観している方で、その良さを分かっていただいています。そこでの会話です。

校長：『学び合い』の良さは分かりますが、学力は上がらないですね？
　私：それは前校長も、先生方も学力を上げることを求めなかったからです。
校長：成績で結果を出さなければ、駄目ですよ。
　私：私自身は以前より成績を上げようと提案したのですが、人間関係の向上に先生方の意識が向いていて乗り気になっていただけませんでした。本当は、さらに一歩高い人間関係をつくるには成績向上を目指さなければなりません。校長がお望みならば、是非、やらせてください。
　　ただし、最初にお伺いします。校長が向上をお望みの学力とは何ですか？　具体的には、平常の単元テストですか？　県配信テストですか？　全国学力テストですか？
校長：全国学力テストです。
　私：分かりました。3つのことをやっていただければ、向上させることをお約束します。
　　第一に、校長先生が職員に全国学力テストの点数を上げることを求め、納得させてください。これは我々にはできません。
　　第二に、職員の方々が子どもたちに全国学力テストの点数を上げることを求めてください。つまり、このことを本気でやっていただくように校長から職員の方々を納得させてください。
　　第三に、我々が課題をつくります。『学び合い』でそれを使ってください。
校長：分かりました。

　その結果、全国学力テストを受けないクラスも含めて、先生方は子どもたちにテストの点数を上げるように求めました。
　一年後。全国学力テストで約20ポイントの向上が見られました。数ポイントで一喜一憂している方々にはビックリですね。その他の学年のクラスでもNRTや単元テストの点数が10ポイント以上の向上が見られました。
　すべては私が校長に求めた3つがポイントなのです。
　まず、第三のポイントを説明いたします。
　全国学力テストの通過率を調べると、それほど難しくないのに通過率が低い問題があります。どんな問題でしょうか？
　記述する問題です。
　単に計算するという問題の場合、普段の単元テストの成績と一致しています。ところが、記述問題になったとたんに通過率が低くなります。何故かといえば、普段の授業でも単元テストでも、そのような問題は解答に時間がかかるので避けられる傾向があります。だから、子どもたちは経験していないのです。

ところが全国学力テストB問題は、A問題とは異なりただ答えを出すだけでなく、記述式で「～わけを、言葉や式をつかって書きましょう。」という、解き方を言葉や式で表現する問題が数多く出題されます。

　解き方や公式を機械的に覚えていけば簡単な計算問題などには対応することができます。しかし、答えを出すだけでなく、なぜそうなるのかを表現しなければならないのです。記述式問題になると、正答率は5割程度になってしまいます。無答率はおおむね1割に満たない程度です。何を聞かれていて、何を書けばよいか分からないけれどとりあえず何か書いておく、または何も書かないというようになってしまうのです。それには、やはり、日々の授業中においてその計算の仕方や、公式の意味、出てくる数値の意味を記述していくといった練習を数多くこなす必要があります。

　本課題集には記述問題を多く入れました。それらは大きく分けて二つに分かれます。

　第一に、問題の解き方などを記述させる問題です。例えば、以下のような問題です。

❷ 6＋8のけいさんのしかたをことばでかきましょう。3にんにせつめいし、なっとくしてもらえたらサインをもらいましょう。

［けいさんのしかた］

　しかし、問題のレベルが高い場合、どう書けばいいか成績上位層でも迷うことがあります。そこで第二のタイプの問題を用意しました。先に解を与えて、なぜそうなるかを問う課題を与えるということです。漠然と説き方を聞かれても、分からない子は分かりません。なので、先に解を与え、その過程を考えさせるのです。今までは、わけの分からない時間を経て、公式や解き方を覚えていました。それを先に公式や、答えが分かり、それはどう導けるかを考えるようにしていくのです。塾や通信教育で学んでいる子どもも、公式や解き方は覚えていますが、なぜそうなるかということまでは学んでいないことが多いのです。このことを踏まえた課題に取り組むことによって、一つ一つの計算の仕方の意味や、公式の意味、数値の意味を理解して言葉でまとめるといったことができるようになってきます。

❷ 48－4＝44になります。このけいさんのしかたをかきましょう。ただし「十のくらい」「一のくらい」ということばをつかいましょう。3人にせつめいし、なっとくしてもらえたらサインをもらいましょう。

✏️ ともだちのサイン

　このような記述式に対応する力は、低学年、中学年ではあまり扱われません。しかし、それらの力が算数において重要な力であることは言うまでもないことです。式の意味や計算の仕方を言葉で書いたり、

説明したりする活動を多くこなすことによって、なぜそうなるかを考える習慣を身に付けたり、言葉や式で表現することに抵抗感なく取り組めるようになったりすることができます。また、理由を言語化してみる、人に伝わる形で表してみるということは、自身の理解を確かにしていくことに大いに役に立ちます。あやふやなことを、文章にしていくことや人に伝えていくことによって、より正確な理解へとつながっていくのです。

　本書は、『学び合い』を成功させる課題プリント集で、日々の授業で使っていただくことを想定しています。課題は、「〜ができる、〜を解くことができる」というものだけではありません。多くが、「〜を解き3人に説明し、納得してもらえたらサインをもらう」「式の意味や計算の仕方を言葉で書き、書いたものを3人に説明し納得してもらえたらサインをもらう」というものです。

　問題解決的な授業として、教科書を見せずに、漠然と「計算の仕方を考えよう」と教師が提示して「自力解決」を促し、その後全体で交流する、といった授業も行われています。しかし、これでは、分からない子は分からないまま自力解決のときには、ボーッとしています。結局「自力解決」できるのは、塾や通信教育で学校の授業を先に勉強している子どもだけです。その子たち数人が、教師に解き方を説明し、教師はそれを笑顔でうなずきながら板書をします。分からなかった子どもたちは、何かよく分からないまま、教師が板書したことをノートに写します。そして、よく意味も分からない公式や計算の仕方をこういうものだと思い、なんとなく覚えていくのです。

　このような授業は、誰の役にも立っていません。分かる子は、もっと分かっている教師に説明しているだけです。分からない子は分からないままです。

　では、どうすればよいのか。

　先に述べたとおり、解き方を文章化したり、友達に伝えたりすることによって、理解を確かなものにしていくことです。分からない子も、友達の説明を聞くことによって分かるようになっていきます。そして、最初は分からなかった子も「全員が説明できるようになる。」という課題のもと、自分の言葉で人に説明できるために学習に取り組んでいくのです。

　まさに『学び合い』でやっていることです。

　このように、言葉でまとめる練習をしたり、子ども同士で説明し合ったりという問題を数多く入れています。説明が正しければサインをもらえます。正しくないのにサインをしている姿は『学び合い』の「一人も見捨てない」に反していることを、教師は語らなければなりません。1時間ごとのめあても、「全員が〜を説明できるようになる」と提示し、全員が課題を説明できるようになってほしいと願い、クラス全員で実行していきます。

　全国学力テスト直前期に類似問題を数多く行うことによっても、もちろん点数の向上が見られます。しかし、低学年のうちから、言葉で説明するということを繰り返すことによっても、解き方を言葉や式で表現する問題に対応する力を伸ばしていくことができるのです。それ故、本課題集は年間を通して使えるようにしています。

本課題集を活用すれば全国学力テストで点数は上がります。しかし、驚異的な向上を望むならば、まだ足りません。

　私は新校長に、以下を求めました。

> 第一に、校長先生が職員に全国学力テストの点数を上げることを求め、納得させてください。これは我々にはできません。
> 第二に、職員の方々が子どもたちに全国学力テストの点数を上げることを求めてください。つまり、このことを本気でやっていただくように校長から職員の方々を納得させてください。

　全国学力テストの点数が上がらない最大の理由は、子どもたちがテストの点数を上げることに意味を持っていないからです。全国学力テストは平常の単元テストに比べて問題数が多く、記述式が多いのです。途中で「どうでもいい」と思う子が生まれるのは当然です。それらが無答に繋がります。

　100点満点で90点の子どもを95点にするのは困難です。しかし、20点の子どもを50点にすることは容易いでしょう。要はその子がテストの点数を上げようと思い、食らいついていけばいいだけのことです。20点が50点に上がれば30点の上昇です。その子一人でクラス平均を1ポイント上げることができるのです。途中で投げ出す子どもを思い浮かべてください。かなりの上昇が期待できます。

　何故、子どもが全国学力テストで点数を上げようとしないのでしょうか？　それは教師が全国学力テストの点数を上げたいと思っていないからです。もちろん点数が上がったらいいなとは思っているでしょうが、上げるために何かをすること、ましてや子どもに点数を上げることを求めることは「不浄」なように感じていると思います。

　私だったら子どもたちに以下のように語るでしょう。

　『陸上や水泳で、学校を代表して大会に参加する人もいるよね。そんな人は学校のために頑張るし、学校のみんなも応援するよね。みなさんは全国学力テストというテストを受けます。これはみなさん全員が参加する勉強の全国大会です。私はみなさんの勉強する姿を見てすごいと思っています。そのすごさを保護者に自慢したくてうずうずしています。この大会で全国優勝をしましょう！　君たちならできると思います。この大会は団体戦です。一人の例外もなく結果を出したとき優勝できる。つまり、『学び合い』で大事にしている「一人も見捨てない」ということを徹底しているクラスが結果を出せます。つまり、仲間を大事にしている最高のクラスが優勝できるのです。みんなで優勝しましょう！』

　実は全国学力テストの対策としては、詳細な分析を行った優れた類書があります（例えば、『TOSS算数PISA型スキル　No.15 学力B問題（改訂版）』（東京教育技術研究所））。しかし、本書は「記述できる。説明できる」の1点に焦点を当てています。理由はそれが全国学力テスト以外にも汎用性が高いからです。記述し、説明する能力が上がれば、それはNRTや単元テストにも影響する全般的な学力の基礎となるからです。第二に、あまり手を広げても、「伸びしろ」の大きい成績下位層にはそれほど影響がないと判断したからです。

　もし、みなさんが1点でも多く取ろうと思い、記述式に慣れたクラスだったら、どれほどの結果を出せると思いますか？　結果を出せるために手品の種は、たったこれだけです。これだけのことを徹底できれば結果を出せます。

本書の使い方

　本書は、『学び合い』によって進めていきます。全員が課題を達成することを求め、子どもたちに力をつけさせていきます。

【準備するもの】
- 本書の該当単元のワークシートのコピー人数分
- 本書の該当単元のワークシートの答え1、2枚
- クラスの子どものネームプレート

　本書のワークシートをコピーしたものを人数分用意します。また、答えも用意し、教室の前方や後方に置いておき、答え合わせをしたり、分からないときのヒントにできるようにしておきます。

　誰ができて、誰がまだ考え中かを分かるようにネームプレートを使います。黒板にマグネットでできたネームプレートを貼り、できた人は、「まだ」の囲みから、「できた」の囲みに移すようにします。できていない子は「できた」の子に聞きに行けますし、できた子は「まだ」の子に教えに行くことができ、子ども同士の助け合いができるようになります。

【本書を利用した授業の流れ】

(時間は目安です。クラスの実態、課題の難易度によって変わります)

①スタート〜5分ぐらい　(教師が課題を伝える)

　子ども同士が、問題に向き合い、考えたり、教え合ったり、説明し合ったりする時間を多く設けるために、教師が課題を伝える時間は5分以内にします。課題の内容は、あらかじめワークシートに記入してありますので、板書を書き写すといった手間も省きます。この語りでは、「一人も見捨てずに、全員が達成することが目標である」ことを伝えます。そして、そのためには、「分からないから教えて」と自分から動くことがいいことであるということを奨励します。

②5分ぐらい〜30分ぐらい　(子どもが動き、グループでの学習が始まる)

　最初は一人一人課題に取り組むために、あまり動きは見られないかもしれません。しかし、「時間内に全員が達成すること」を教師が伝えることによって、子どもたちは自分たちで考えてグループを作るようになります。友達のところに動く、「一緒にしよう」というような声かけ、すぐに課題に取り組む姿、「教えて」と助けを借りる姿、「大丈夫？分かる？」と友達を助けようとする姿などが見られたら、それを大きな声でクラス全体に広めましょう。

　できた子は、3人に説明したり解答を見て丸つけをしたりします。その後、マグネットを動かし、まだ終わっていない子に教えにいきます。このとき、よく仲の良い子にばかり教えにいくなどグループが

固定化することが考えられます。分からない子は、一人で分からないままということも見られます。教師は「全員達成をするためには、誰に教えにいったり、誰と交流したりすることがいいのかな」と伝えていきます。

③ 30分ぐらい～40分（めざせ、全員達成！）

　残り10分程度になると課題を達成した子ども、達成していない子どもと分かれてきます。あまりネームプレートが動いていない場合は、終わっている子どもに向けて「みんなが分かるためにはどうしたらいいかな？」「いろいろなところにちらばるのもいいよね」と最後までみんなのためにできることをするよう声をかけます。

　一方、ネームプレートが動いている子が多い場合は、「自分の考えを伝えれば伝えるほど、賢くなるし、友達のためにもなるよ」と、よりみんなが分かることを目指すような声かけを教師がするようにします。達成した子がほとんどで、達成していない子が数人となる場合があります。そのようなときには、「みんなも大勢の友達に囲まれたら勉強しにくいよね」「教えるだけじゃなくて、本当にみんなが分かるためにできることもあるよね」と言い、残りの時間を本当に分かるために使うように言葉かけをします。

　例えば、「説明を紙を見ないで言えるようになるともっといいよね」や「違う問題を自分たちでつくって、計算の仕方を説明してみるのもいいよね」というように言葉かけをすることによって、課題が終わってしまい、教える相手がいない子どもも、友達と交流しながら、理解を確かなものにすることができます。

④ 40分～45分（成果の振り返り）

　「全員達成」ができたかを振り返ります。学習のまとめはしません。ここで、学習のまとめをしてしまうと、最後に先生がまとめてくれるからと思い、『学び合い』に真剣に取り組まなくなります。従来のなんだかよく分からないけれど、まとめを覚えればよい授業と同じになってしまいます。まとめをしないからこそ、授業中の交流を通して、課題を「全員達成」してみんなで分かることを求めるのです。

　課題を達成していない人がいたときには、次はどのようにすればよいかを子どもたちに考えさせます。そして、教師の「全員達成」をあきらめない気持ちを伝えます。

本書の問題は、株式会社教育同人社より発行している算数ドリルの問題を掲載（一部修正）しております。教育同人社様のご協力に感謝申し上げます。

もくじ

本書の特徴 ... 2
本書の使い方 ... 6

Part 1
『学び合い』を成功させる課題プリント集

かだい1 10までのかず めあてとかだい ... 12
1 ぜんいんが，おなじなかまをみつけ，おはなしをつくることができる。 ... 14
2 ぜんいんが，どちらがおおいかくらべることができる。 ... 15
3 ぜんいんが，1から5までのかずをかぞえ，かくことができる。 ... 16
4 ぜんいんが，6から10までのかずをかぞえ，かくことができる。 ... 17
5 ぜんいんが，0のいみをせつめいし，つかうことができる。 ... 18
6 ぜんいんが，かずをくらべて，どちらがおおきいかいうことができる。 ... 19
7 ぜんいんが，かずのじゅんばんをただしくいうことができる。 ... 20

かだい2 なんばんめ めあてとかだい ... 21
1 ぜんいんが，かずやじゅんばんをかぞえたり，もののいちをいったりすることができる。 ... 22
2 ぜんいんが，〜ひきと〜ひきめ，〜だいと〜だいめのちがいをせつめいすることができる。 ... 23

かだい3 いくつといくつ めあてとかだい ... 24
1 ぜんいんが，5，6はいくつといくつでできるかをいうことができる。 ... 25
2 ぜんいんが，7，8，9はいくつといくつでできるかをいうことができる。 ... 26
3 ぜんいんが，10はいくつといくつでできるかをいうことができる。 ... 28

かだい4 たしざん1 めあてとかだい ... 29
1 ぜんいんが，「あわせて」というときにたしざんになり，＋と＝をつかってしきにすることができる。 ... 31
2 ぜんいんが，「みんなで」というときにたしざんになることがわかり，たしざんのけいさんができる。 ... 32
3 ぜんいんが，「ふえると」というときにたしざんになることがわかり，たしざんのけいさんができる。 ... 33
4 ぜんいんが，たしざんカードをならべて，かずのかわりかたをせつめいすることができる。 ... 34
5 ぜんいんが，0のたしざんのもんだいをつくったり，けいさんをしたりすることができる。 ... 35
6 ぜんいんが，しきからもんだいをつくったり，たしざんのけいさんをしたりできる。 ... 36

かだい5 ひきざん1 めあてとかだい ... 37
1 ぜんいんが，ひきざんのけいさんを，－と＝をつかってしきにすることができる。 ... 40
2 ぜんいんが，「のこりは」というときにひきざんになることがわかり，ひきざんのけいさんができる。 ... 41
3 ぜんいんが，ぶんからえにあらわし，しきをかいてけいさんすることができる。 ... 42
4 ぜんいんが，ひきざんカードをならべて，かずのかわりかたをせつめいすることができる。 ... 43
5 ぜんいんが，0のひきざんのけいさんをすることができる。 ... 44
6 ぜんいんが，どちらがおおいかかんがえるときに，ひきざんをつかうことをせつめいできる。 ... 45
7 ぜんいんが，「どちらがどれだけおおいか」や「ちがいは」ときかれているときに，ひきざんのしきをかいてけいさんできる。 ... 46

8 ぜんいんが，しきからもんだいをつくったり，ひきざんのけいさんをしたりできる。	47

かだい6 10よりおおきいかず めあてとかだい　48

1 ぜんいんが，「10のまとまり」をつくってかぞえることのよさをせつめいすることができる。	50
2 ぜんいんが，11から20までのかずをかぞえて，すうじでかくことができる。	51
3 ぜんいんが，かずをはやくかぞえたり，10といくつでいくつになるかをかいたりできる。	52
4 ぜんいんが，かずのおおきいちいさいや，かずのじゅんばんをせつめいすることができる。	53
5 ぜんいんが，10といくつをしきにしてけいさんすることができる。	54
6 ぜんいんが，(10いくつ)＋(いくつ)，(10いくつ)－(いくつ)のけいさんができる。	55

かだい7 とけい1 めあてとかだい　56

1 ぜんいんが，とけいのよみかたをせつめいすることができる。	57
2 ぜんいんが，とけいのはりをあわせたり，とけいのはりをかいたりすることができる。	58

かだい8 おおきさくらべ めあてとかだい　59

1 ぜんいんが，ながさのくらべかたをせつめいすることができる。	61
2 ぜんいんが，ながさをテープにうつしてくらべることができる。	62
3 ぜんいんが，ながさをかずであらわすことができる。	63
4 ぜんいんが，ひろさのくらべかたをせつめいすることができる。	64
5 ぜんいんが，みずのかさをくらべることができる。	65
6 ぜんいんが，みずのかさのくらべかたをせつめいすることができる。	66

かだい9 3つのかずのけいさん めあてとかだい　67

1 ぜんいんが，3つのかずのたしざんやひきざんのけいさんのしかたをせつめいすることができる。	68
2 ぜんいんが，たしざんとひきざんのまざった3つのかずのけいさんのしかたをせつめいすることができる。	69

かだい10 たしざん2 めあてとかだい　70

1 ぜんいんが，こたえが10よりおおきくなるたしざんのけいさんのしかたをせつめいすることができる。	72
2 ぜんいんが，10をつくってからする，たしざんのけいさんのしかたをせつめいすることができる①。	73
3 ぜんいんが，10をつくってからする，たしざんのけいさんのしかたをせつめいすることができる②。	74
4 ぜんいんが，いろいろなけいさんのしかたをせつめいすることができる。	75
5 ぜんいんが，もんだいぶんをよみ，しきをたててこたえをもとめることができる。	76
6 ぜんいんが，たしざんのもんだいをつくることができる。	77
7 ぜんいんが，たしざんカードをならべて，かずのかわりかたをせつめいすることができる。	78

かだい11 かたち1 めあてとかだい　79

1 ぜんいんが，ころがるかたちのとくちょうをせつめいすることができる。	80
2 ぜんいんが，たかくつみあげやすいかたちのとくちょうをせつめいすることができる。	81
3 ぜんいんが，はこのとくちょうをいかして，さくひんをつくることができる。	82
4 ぜんいんが，はこを4つのなかまにわけることができる。	83
5 ぜんいんが，はこのかたちをつかって，えをかくことができる。	84

かだい 12　ひきざん 2　めあてとかだい　　85

- **1** ぜんいんが，10よりおおきいかずからの，ひきざんのけいさんのしかたを，せつめいすることができる。　87
- **2** ぜんいんが，10からさきにひく，ひきざんのけいさんのしかたを，せつめいすることができる。　88
- **3** ぜんいんが，ひくかずをわけてからひく，ひきざんのけいさんのしかたをせつめいすることができる。　89
- **4** ぜんいんが，いろいろなけいさんのしかたをせつめいすることができる。　90
- **5** ぜんいんが，もんだいぶんをよみ，しきをたててこたえをもとめることができる。　91
- **6** ぜんいんが，ひきざんのもんだいをつくることができる。　92
- **7** ぜんいんが，ひきざんカードをならべて，かずのかわりかたをせつめいすることができる。　93

かだい 13　たすのかなひくのかな　めあてとかだい　　94

- **1** ぜんいんが，もんだいぶんをよみ，しきをたててけいさんをすることができる①。　97
- **2** ぜんいんが，もんだいぶんをよみ，しきをたててけいさんをすることができる②。　98
- **3** ぜんいんが，なんばんめのけいさんのしかたを，せつめいすることができる。　99
- **4** ぜんいんが，ずにおきかえてかんがえるもんだいのときかたを，せつめいすることができる。　100
- **5** ぜんいんが，おおいほうのかずを，ずにかいてもとめ，せつめいすることができる。　101
- **6** ぜんいんが，すくないほうのかずを，ずにかいてもとめ，せつめいすることができる。　102
- **7** ぜんいんが，ずにかいてもんだいをとき，しきのいみをせつめいすることができる。　103

かだい 14　おおきいかず 2　めあてとかだい　　104

- **1** ぜんいんが，おおきいかずのかぞえかたをせつめいすることができる①。　107
- **2** ぜんいんが，おおきいかずのかぞえかたをせつめいすることができる②。　108
- **3** ぜんいんが，かずのしくみをせつめいすることが できる。　109
- **4** ぜんいんが，100というかずや，かずのならびかたをせつめいすることができる。　110
- **5** ぜんいんが，かずのならびかたや，おおきさのくらべかたをせつめいすることができる。　111
- **6** ぜんいんが，100よりおおきいかずをかぞえて，すうじでのかきかたをせつめいすることができる。　112
- **7** ぜんいんが，(なん十)＋(なん十)のけいさんのしかたをせつめいすることができる。　113
- **8** ぜんいんが，(なん十)－(なん十)のけいさんのしかたをせつめいすることができる。　114
- **9** ぜんいんが，(2けた)＋(1けた)のけいさんのしかたをせつめいすることができる。　115
- **10** ぜんいんが，(2けた)－(1けた)のけいさんのしかたをせつめいすることができる。　116

かだい 15　とけい 2　めあてとかだい　　117

- **1** ぜんいんが，とけいのよみかたをせつめいすることができる。　118
- **2** ぜんいんが，じこくをとけいのもけいであらわすことができる。　119

かだい 16　かたち 2　めあてとかだい　　120

- **1** ぜんいんが，さんかくのいろいたをつかって，いろいろなかたちをつくることができる①。　121
- **2** ぜんいんが，さんかくのいろいたをつかって，いろいろなかたちをつくることができる②。　122
- **3** ぜんいんが，かぞえぼうや，てんとせんをつかい，いろいろなかたちをつくることができる。　123

Part 2　『学び合い』を成功させる課題プリント・解答集　　125

Part 1
『学び合い』を成功させる 課題プリント集

かだい1	10までのかず　めあてとかだい	12
かだい2	なんばんめ　めあてとかだい	21
かだい3	いくつといくつ　めあてとかだい	24
かだい4	たしざん1　めあてとかだい	29
かだい5	ひきざん1　めあてとかだい	37
かだい6	10よりおおきいかず　めあてとかだい	48
かだい7	とけい1　めあてとかだい	56
かだい8	おおきさくらべ　めあてとかだい	59
かだい9	3つのかずのけいさん　めあてとかだい	67
かだい10	たしざん2　めあてとかだい	70
かだい11	かたち1　めあてとかだい	79
かだい12	ひきざん2　めあてとかだい	85
かだい13	たすのかなひくのかな　めあてとかだい	94
かだい14	おおきいかず2　めあてとかだい	104
かだい15	とけい2　めあてとかだい	117
かだい16	かたち2　めあてとかだい	120

かだい1　10までのかず

	めあて（ゴール）	かだい
1	ぜんいんが，おなじなかまをみつけ，おはなしをつくることができる。	❶ さるの なかまをあかい○でかこみましょう。 ❷ いぬの なかまをあかい○でかこみましょう。 ❸ ちゅうりっぷの なかまをあかい○でかこみましょう。 ❹ えをみて，「○○のなかまが～しています。」というおはなしを つくりましょう。3にんにきいてもらい，サインをもらいましょう。
2	ぜんいんが，どちらがおおいかくらべることができる。	2つのもののかずをくらべるときには，ものをせんでむすんだり，ブロックをおいたりしてくらべることができます。 ❶ ぞうと ぼうしの かずをくらべ，おおいほうに○をつけましょう。 ❷ ペンギンと のりものの かずをくらべ，おおいほうに○をつけましょう。 ❸ えをみて，いぬと こやの かずをくらべ，おおいほうに○をつけましょう。どのようにして くらべることができたか，3にんにせつめいし，なっとくしてもらえたらサインをもらいましょう。
3	ぜんいんが，1から5までのかずをかぞえ，かくことができる。	❶ えをみて，おなじかずをせんでむすびましょう。 ❷ えをみて，おなじかずだけ，○にいろをぬり，かずを すうじでかきましょう。 ❸ ❷で○をぬったかずと，かいたすうじを，3にんにかくにんしてもらい，ただしかったら サインをもらいましょう。
4	ぜんいんが，6から10までのかずをかぞえ，かくことができる。	❶ えをみて，おなじかずを せんでむすびましょう。 ❷ えをみて，おなじかずだけ，○にいろをぬり，かずをすうじでかきましょう。 ❸ ❷で○をぬったかずと，かいたすうじを，3にんにかくにんしてもらい，ただしかったらサインをもらいましょう。

5	ぜんいんが、0のいみをせつめいし、つかうことができる。	❶ ①から③のえをみて、ばななのかずをすうじでかきましょう。 ❷ ③のばななのかずは、「0」ということができます。「0」のいみを3にんにせつめいし、なっとくしてもらえたらサインをもらいましょう。 ❸ ④から⑦のえをみて、わなげのぼうにはいったわっかのかずを、すうじでかきましょう。
6	ぜんいんが、かずをくらべて、どちらがおおきいかいうことができる。	❶ すうじカードをつかって、ふたりぐみで、かずのおおきさくらべゲームをしましょう。 ❷ すうじカードをつかって、グループで、かずのおおきさくらべゲームをしましょう。 ❸ すうじをみて、かずのおおきいほうに○をつけましょう。
7	ぜんいんが、かずのじゅんばんを ただしくいうことができる。	❶ すうじカードをつかって、ふたりぐみでカードならべをしましょう。 ❷ すうじカードをちいさいじゅんにならべ、すうじのかずのぶんブロックをつみましょう。きづいたことを3にんにせつめいし、なっとくしてもらえたらサインをもらいましょう。 ❸ かずのじゅんばんになるように、□にあてはまるかずをかきましょう。

10までのかず 1

＿＿＿くみ＿＿＿ばん　なまえ＿＿＿＿＿＿＿＿＿＿

🏁 **ゴール**

ぜんいんが，おなじなかまをみつけ，おはなしを つくることができる。

❶ さるの なかまをあかい○でかこみましょう。

❷ いぬの なかまをあかい○でかこみましょう。

❸ ちゅうりっぷの なかまをあかい○でかこみましょう。

❹ えをみて，「○○のなかまが〜しています。」という おはなしを つくりましょう。
　3にんにきいてもらい，サインをもらいましょう。

✏️ ともだちのサイン

10までのかず 2

_____くみ_____ばん なまえ_____

🏁ゴール
ぜんいんが, どちらが おおいか くらべる ことが できる。

2つの ものの かずを くらべる ときには, ものを せんで むすんだり, ブロックを おいたり して くらべる ことが できます。

❶ ぞうと ぼうしの かずを くらべ, おおいほうに ○を つけましょう。

❷ ペンギンと のりものの かずを くらべ, おおいほうに ○を つけましょう。

❸ えをみて, いぬと こやの かずを くらべ, おおいほうに ○を つけましょう。
どのようにして くらべる ことが できたか, 3にんに せつめいし, なっとくして もらえたら サインを もらいましょう。

✏️ともだちのサイン

10までのかず 3

_____くみ_____ばん　なまえ_____

🏁 **ゴール**

ぜんいんが，1から5までのかずをかぞえ，かくことができる。

❶ えをみて，おなじかずを せんでむすびましょう。

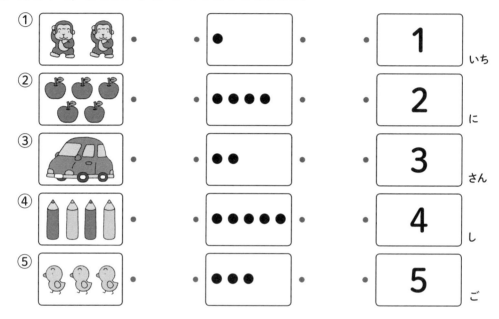

❷ えをみて，おなじかずだけ，○にいろをぬり，かずを すうじでかきましょう。

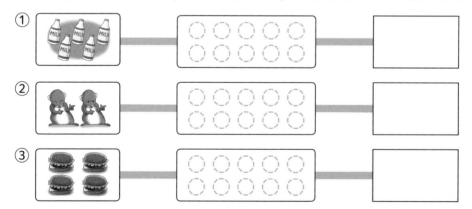

❸ ❷で○をぬったかずと，かいたすうじを，3にんにかくにんしてもらい，ただしかったら サインをもらいましょう。

✏️ ともだちのサイン

10までのかず 4

＿＿＿くみ＿＿＿ばん　なまえ＿＿＿＿＿＿＿＿＿＿

🏁ゴール

ぜんいんが，6から10までのかずをかぞえ，かくことができる。

❶ えをみて，おなじかずを せんでむすびましょう。

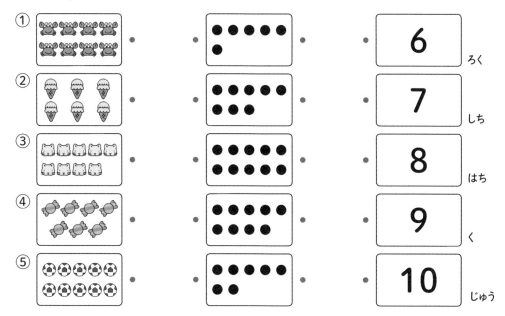

❷ えをみて，おなじかずだけ，○にいろをぬり，かずを すうじでかきましょう。

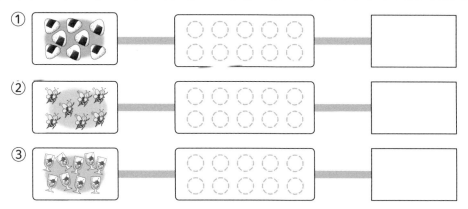

❸ ❷で○をぬったかずと，かいたすうじを，3にんにかくにんしてもらい，ただしかったら サインをもらいましょう。

✏️ともだちのサイン　| | | |

10までのかず 5

＿＿＿くみ＿＿＿ばん　なまえ＿＿＿＿＿＿＿＿＿＿＿

🏁 **ゴール**

ぜんいんが，0のいみをせつめいし，つかうことができる。

❶ ①から③のえをみて，ばななの かずを すうじでかきましょう。

❷ ③のばななの かずは，「0」ということができます。「0」のいみを3にんにせつめいし，なっとくしてもらえたら サインをもらいましょう。

✏️ ともだちのサイン

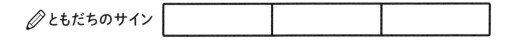

❸ ④から⑦のえをみて，わなげの ぼうに はいった わっかのかずを，すうじでかきましょう。

10までのかず 6

＿＿＿くみ ＿＿＿ばん なまえ＿＿＿＿＿＿＿＿＿＿

> 🏁 ゴール
> ぜんいんが，かずをくらべて，どちらがおおきいか いうことができる。

❶ すうじカードをつかって，ふたりぐみで，かずの おおきさくらべゲームをしましょう。

【かずのおおきさくらべゲーム】
(1) 1～10のすうじカードをよういし，よく まぜあわせる。
(2) ふたりで，どうじにカードをだし，おおきいカードをだしたほうがかち。
(3) 1かいごとにかったら ひょうに○，まけたら×をかく。
(4) カードがなくなるまで，10かいせんゲームをする。
(5) かった かいすうの ごうけいを くらべる。

たたかったあいて＼かいせん	1	2	3	4	5	6	7	8	9	10

❷ すうじカードをつかって，グループで，かずの おおきさくらべゲームをしましょう。

【カードめくりゲーム】
(1) 1～10のすうじカードをよういし，うらにして，よく かきまわしておく。
(2) ひとりずつ じゅんばんにカードをめくり，いちばんおおきいカードをめくったひとが かち。かったひとは おはじきを1つもらう。
(3) カードをもどし，うらにして，よくかきまわして，10かいせんゲームをする。
(4) 10かいせんおわったときに，おはじきを なんこもっているかをくらべる。

❸ かずのおおきいほうに ○をつけましょう。

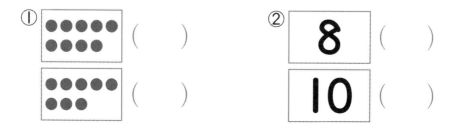

10までのかず 7

＿＿＿くみ＿＿＿ばん　なまえ＿＿＿＿＿＿＿＿＿＿

🏁 **ゴール**

ぜんいんが，かずのじゅんばんを ただしくいうことができる。

❶ すうじカードをつかって，ふたりぐみでカードならべをしましょう。

【カードならべ】
(1) 1〜10のすうじカードをよういし，うらにして，よく かきまわしておく。
(2) ひとりずつカードをめくり，0から10のじゅんばんになるように ならべる。

❷ すうじカードをちいさいじゅんにならべ，すうじのかずのぶん ブロックをつみましょう。たとえば 1のカードのうえにはブロックを 1こつみます。きづいたことを 3にんにせつめいし，なっとくしてもらえたら サインをもらいましょう。

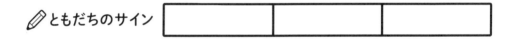

✏️ ともだちのサイン　｜　　　｜　　　｜　　　｜

❸ かずの じゅんばんになるように，□にあてはまるかずを かきましょう。

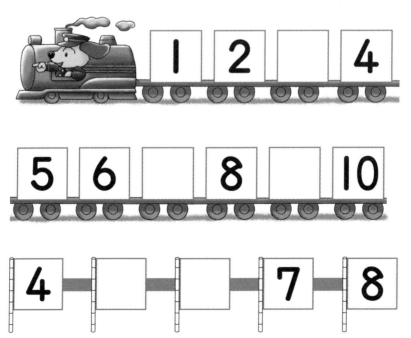

かだい2 なんばんめ

	めあて（ゴール）	かだい
1	ぜんいんが，かずやじゅんばんをかぞえたり，もののいちをいったりすることができる。	❶ えをみて もんだいに こたえましょう。 （1）どうぶつは なんひき いますか。 （2）うえから 2ばんめの どうぶつは なんですか。 （3）ふくろうは したから なんばんめに いますか。 ❷ えをみて もんだいに こたえましょう。 （1）くだものは いくつ ありますか。 （2）みぎから 4ばんめの くだものは なんですか。 （3）りんごは ひだりから なんばんめに ありますか。 ❸ ❶❷のこたえを 3にんに せつめいし，なっとくしてもらえたら サインをもらいましょう。
2	ぜんいんが，〜ひきと〜ひきめ，〜だいと〜だいめのちがいをせつめいすることができる。	❶ まえから 4ひきのどうぶつを ○でかこみましょう。 ❷ まえから 4ひきめのどうぶつを ○でかこみましょう。 ❸ まえから 5だいのくるまを ○でかこみましょう。 ❹ うしろから3だいめのくるまを ○でかこみましょう。 ❺ 「〜ひき，〜だい」ときかれているときと「〜ひきめ，〜だいめ」ときかれているときの いみのちがいを 3にんに せつめいし，なっとくしてもらえたら サインをもらいましょう。

なんばんめ 1

_____くみ _____ばん なまえ_____

🏁 **ゴール**
ぜんいんが，かずやじゅんばんをかぞえたり，もののいちをいったりすることができる。

❶ えをみて もんだいに こたえましょう。

(1) どうぶつは なんひき いますか。

( ) ひき

(2) うえから 2ばんめの どうぶつは なんですか。

( )

(3) ふくろうは したから なんばんめに いますか。

( ) ばんめ

❷ えをみて もんだいに こたえましょう。

(1) くだものは いくつ ありますか。　　　　( ) こ

(2) みぎから 4ばんめの くだものは なんですか。　( )

(3) りんごは ひだりから なんばんめに ありますか。　( ) ばんめ

❸ ❶❷のこたえを 3にんに せつめいし，なっとくしてもらえたら サインをもらいましょう。

✏ ともだちのサイン

なんばんめ 2

　　　　　くみ　　　ばん　なまえ

🏁ゴール
ぜんいんが，～ひきと～ひきめ，～だいと～だいめのちがいをせつめいすることができる。

❶ まえから　4ひきのどうぶつを　○でかこみましょう。

❷ まえから　4ひきめのどうぶつを　○でかこみましょう。

❸ まえから　5だいのくるまを○でかこみましょう。

❹ うしろから　4だいめのくるまを○でかこみましょう。

❺ 「～ひき，～だい」ときかれているときと「～ひきめ，～だいめ」ときかれているときの いみのちがいを　3にんに せつめいし，なっとくしてもらえたら サインをもらいましょう。

✏️ともだちのサイン　|　　　|　　　|　　　|

かだい3　いくつといくつ

	めあて（ゴール）	かだい
1	ぜんいんが，5，6は いくつといくつでできるかをいうことができる。	❶ たまの かずをみて，5は いくつといくつで できるかを かんがえます。（　）と，あいている□に かずを かきましょう。 ❷ たまの かずをみて，6は いくつといくつで できるかを かんがえます。（　）と，あいている□に かずを かきましょう。 ❸ 5は いくつといくつで できるかを，かみをみないで いえるように れんしゅう しましょう。3にんに きいて もらい，あっていたら サインをもらいましょう。
2	ぜんいんが，7，8，9は いくつといくつでできるかをいうことができる。	❶ たまの かずをみて，7は いくつといくつで できるかを かんがえます。あいている□に かずを かきましょう。ほかにも，7になるかずのくみあわせを かきましょう。 ❷ たまの かずをみて，8は いくつといくつで できるかを かんがえます。あいている□に かずを かきましょう。ほかにも，8になるかずのくみあわせを かきましょう。 ❸ 9は いくつといくつで できるかをかんがえて，1〜8のすうじを せんで つなぎましょう。 ❹ 9は いくつといくつで できるかを，すべてかきましょう。9は いくつといくつで できるかを 3人に きいてもらい，あっていたら，サインをもらいましょう。
3	ぜんいんが，10はいくつといくつで できるかをいうことができる。	❶ 10このブロックを ならべました。10は いくつといくつで できるかを かきましょう。 ❷ 10は いくつといくつで できるかを，かみをみないでいえるように れんしゅう しましょう。3人に きいてもらい，あっていたら サインをもらいましょう。

いくつといくつ 1

_____くみ_____ばん　なまえ_____

🏁 ゴール
ぜんいんが, 5, 6 は いくつと いくつで できるかを いうことが できる。

❶ たまの かずを みて, 5は いくつと いくつで できるかを かんがえます。(　　) と, あいている□に かずを かきましょう。

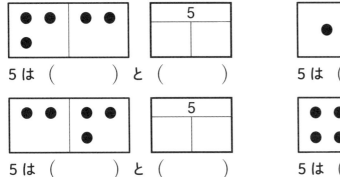

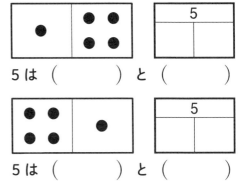

❷ たまの かずを みて, 6は いくつと いくつで できるかを かんがえます。(　　) と, あいている□に かずを かきましょう。

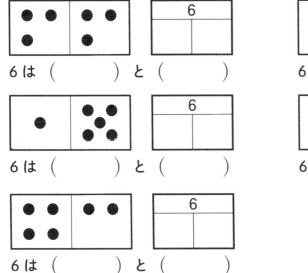

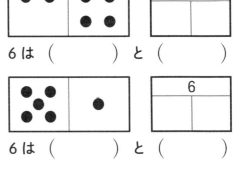

❸ 5は いくつと いくつで できるかを, かみを みないで いえるように れんしゅう しましょう。3にんに きいてもらい, あっていたら サインを もらいましょう。

✏️ ともだちのサイン　|　　　|　　　|　　　|

いくつといくつ 2

＿＿＿くみ ＿＿＿ばん　なまえ＿＿＿＿＿＿＿＿＿＿

🚩 **ゴール**
ぜんいんが，7，8，9はいくつといくつで できるかを いうことができる。

❶ たまの かずをみて，7は いくつといくつで できるかを かんがえます。あいている □に かずをかきましょう。ほかにも，7になるかずのくみあわせを かきましょう。

7	

7	

7	

【ほかの7になるくみあわせ】

7			7			7	

❷ たまの かずをみて，8は いくつといくつで できるかを かんがえます。あいている □に かずをかきましょう。ほかにも，8になるかずのくみあわせを かきましょう。

8	

8	

8	

8	

【ほかの8になるくみあわせ】

8			8			8	

❸ 9は いくつといくつで できるかをかんがえて、1〜8のすうじを せんで つなぎましょう。

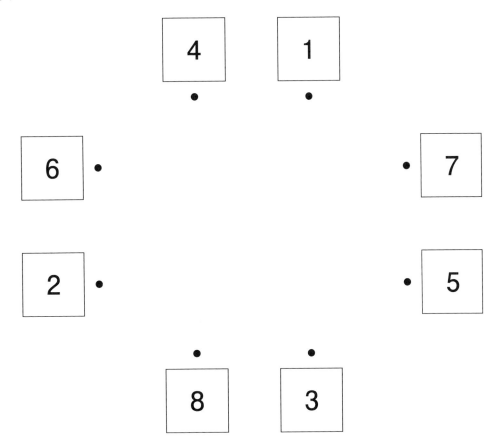

❹ 9は いくつといくつで できるかを、すべてかきましょう。9は いくつといくつで できるかを 3人に きいてもらい、あっていたら サインをもらいましょう。

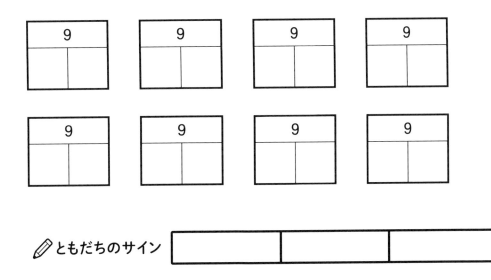

✏ ともだちのサイン

いくつといくつ 3

_____くみ_____ばん　なまえ_____

> 🏁 **ゴール**
> ぜんいんが，10はいくつといくつで できるかをいうことができる。

❶ 10このブロックを ならべました。10は いくつといくつで できるかを かきましょう。

(9) と (1)　10

(8) と (2)　10

(7) と (3)　10

(6) と (4)　10

(5) と (5)　10

(4) と (6)　10

(3) と (7)　10

(2) と (8)　10

(1) と (9)　10

❷ 10は いくつといくつで できるかを，かみをみないでいえるように れんしゅう しましょう。3人に きいてもらい，あっていたら サインをもらいましょう。

✏ ともだちのサイン

かだい 4　たしざん 1

	めあて（ゴール）	かだい
1	ぜんいんが，「あわせて」というときにたしざんになり，＋と＝をつかって しきにすることができる。	❶ えをみて，（　）にあてはまるかずをかき，おはなしを つくりましょう。 ❷ えをみて，おはなしをつくり，かきましょう。あわせていくつになるかは，ブロックをおいて たしかめましょう。 ❸ ❷でつくったおはなしを，＋と＝をつかって しきにしましょう。 ❹ あわせて 4 になる，たしざんのおはなしとしきをかきましょう。3 にんに せつめいして，なっとくしてもらえたら サインをもらいましょう。
2	ぜんいんが，「みんなで」というときにたしざんになることがわかり，たしざんのけいさんができる。	❶ えをみて，「みんなで」ということばをつかって，おはなしを つくりましょう。また，しきとこたえを かきましょう。 ❷ たしざんの けいさんを しましょう。 ❸ 「みんなで」ということばをつかって，たしざんのおはなしをつくりましょう。3 にんにせつめいして，なっとくしてもらえたら サインをもらいましょう。
3	ぜんいんが，「ふえると」というときにたしざんになることがわかり，たしざんのけいさんができる。	❶ えをみて，（　）にあてはまるかずをかき，おはなしを つくりましょう。 ❷ えをみて，おはなしをつくり，かきましょう。あわせていくつになるかは，ブロックをおいて たしかめましょう。 ❸ ❷でつくったおはなしを，＋と＝をつかって しきにしましょう。こたえも かきましょう。 ❹ たしざんの けいさんをしましょう。けいさんのしかたを 3 にんにせつめいし，なっとくしてもらえたら サインをもらいましょう。

4	ぜんいんが,たしざんカードをならべて,かずのかわりかたをせつめいすることができる。	❶ たしざんカードを つくりましょう。 ❷ したのずのように カードをならべましょう。 ❸ カードをならべて,かずのかわりかたで きづいたことを 3ついじょう かきましょう。かいたものを 3にんに せつめいし,なっとくしてもらえたら サインをもらいましょう。 ❹ たしざんカードをつかって,おもてをみて,こたえをいう れんしゅうをしましょう。
5	ぜんいんが,0のたしざんのもんだいをつくったり,けいさんをしたりすることができる	❶ わなげを 2かいしました。はいったかずを あわせると なんこになるでしょうか。えにあうように,しきにかいて,こたえをもとめましょう。 ❷ 0+3になるように もんだいをつくりましょう。3にんにせつめいし,なっとくしてもらえたら サインをもらいましょう。 ❸ けいさんを しましょう。
6	ぜんいんが,しきからもんだいをつくったり,たしざんのけいさんをしたりできる。	❶ えをみて,6+2になるもんだいを つくりましょう。 ❷ えをみて,3+2になるもんだいを つくりましょう。 ❸ ❶❷でつくったもんだいを3にんにせつめいし,なっとくしてもらえたら サインをもらいましょう。 ❹ けいさんをしましょう。

たしざん1 ①

_____くみ_____ばん　なまえ_____

🏁ゴール
ぜんいんが，「あわせて」というときに たしざんになり，＋と＝をつかって しきにすることができる。

❶ えをみて，(　)にあてはまるかずをかき，おはなしを つくりましょう。

あめが　　　　　　　　　あめが　　　　　　　　　あめは，あわせて
(　　) こあります。　(　　) こあります。　(　　) こです。

❷ えをみて，おはなしをつくり，かきましょう。あわせていくつになるかは，ブロックなどをおいて たしかめましょう。

［おはなし］

❸ ❷でつくったおはなしを，＋と＝をつかって しきにしましょう。

［し　き］_____

❹ あわせて4になる，たしざんのおはなしと しきをかきましょう。3にんに せつめいして，なっとくしてもらえたら サインをもらいましょう。

［おはなし］

［し　き］_____

✏ともだちのサイン

たしざん1 ②

_____くみ_____ばん　なまえ_____

🚩 **ゴール**

> ぜんいんが,「みんなで」というときに たしざんになることがわかり, たしざんのけいさんができる。

❶ えをみて,「みんなで」ということばをつかって, おはなしを つくりましょう。また, しきとこたえを かきましょう。

(1) 　［おはなし］

［し　き］_____　　［こたえ］_____

(2) 　［おはなし］

［し　き］_____　　［こたえ］_____

❷ たしざんの けいさんを しましょう。

(1) 1 + 3 = ☐　(2) 3 + 2 = ☐　(3) 2 + 7 = ☐　(4) 4 + 4 = ☐

(5) 6 + 1 = ☐　(6) 1 + 5 = ☐　(7) 5 + 5 = ☐　(8) 2 + 8 = ☐

❸ 「みんなで」ということばをつかって, たしざんのおはなしをつくりましょう。
3にんにせつめいして, なっとくしてもらえたら サインをもらいましょう。

［おはなし］

✏ ともだちのサイン ☐ ☐ ☐

たしざん1 ③

_____くみ_____ばん　なまえ_____

🏁 **ゴール**

ぜんいんが,「ふえると」というときにたしざんになることがわかり, たしざんのけいさんができる。

❶ えをみて,（　）にあてはまるかずをかき, おはなしを つくりましょう。

きんぎょが　　　　　　きんぎょが　　　　　　きんぎょは,
（　　　）ひきいます。（　　　）ひきふえると,（　　　）ひきになります。

❷ えをみて, おはなしをつくり, かきましょう。あわせていくつになるかは, ブロックなどをおいて たしかめましょう。

［おはなし］

❸ ❷でつくったおはなしを, ＋と＝をつかってしきにしましょう。こたえも かきましょう。

［し　き］_____　　［こたえ］_____

❹ たしざんの けいさんを しましょう。けいさんのしかたを 3にんに せつめいし, なっとくしてもらえたら サインをもらいましょう。

(1) $3 + 6 =$ 　　(2) $5 + 2 =$ 　　(3) $7 + 3 =$

(4) $2 + 1 =$

✏️ ともだちのサイン

たしざん1 ④

＿＿＿くみ＿＿＿ばん　なまえ＿＿＿＿＿＿＿＿＿＿＿＿

> 🏁 **ゴール**
> ぜんいんが,たしざんカードをならべて,かずのかわりかたを せつめいすることができる。

❶ たしざんカードを つくりましょう。

❷ したのずのように カードをならべましょう。
　※①〜⑤にどのカードをならべるか，かんがえてみましょう。

```
1+1  2+1  3+1  4+1  5+1  6+1  7+1   ①   9+1
1+2  2+2  3+2  4+2   ②   6+2  7+2  8+2
1+3  2+3  3+3   ③   5+3  6+3  7+3
1+4  2+4  3+4  4+4  5+4  6+4
1+5  2+5  3+5  4+5  5+5
1+6  2+6   ④   4+6
1+7  2+7  3+7           おなじ こたえに
1+8  2+8                なる しきが
 ⑤                     あるよ。
```

❸ カードをならべて，かずのかわりかたで きづいたことを 3つ いじょう かきましょう。
　かいたものを 3にんに せつめいし，なっとくしてもらえたら サインをもらいましょう。

[きづいたこと]

✏ ともだちのサイン　|　　　|　　　|　　　|

❹ たしざんカードのおもてをみて，こたえをいう れんしゅうをしましょう。

たしざん1 5

くみ　　　ばん　なまえ

🏁ゴール
ぜんいんが, 0のたしざんのもんだいをつくったり, けいさんを したりすることができる。

❶ わなげを 2かいしました。はいったかずを あわせると なんこになるでしょうか。
えにあうように, しきにかいて, こたえをもとめましょう。

　　［し　き］＿＿＿＿＿＿＿＿　　［こたえ］＿＿＿＿

　　［し　き］＿＿＿＿＿＿＿＿　　［こたえ］＿＿＿＿

❷ 0＋3になるように もんだいをつくりましょう。3にんにせつめいし, なっとくして
もらえたら サインをもらいましょう。

［もんだい］

✏️ともだちのサイン

❸ けいさんをしましょう。

(1) 1＋0＝　　　　(2) 5＋0＝　　　　(3) 6＋0＝

(4) 9＋0＝　　　　(5) 0＋4＝　　　　(6) 0＋7＝

(7) 0＋3＝　　　　(8) 0＋0＝

たしざん1 ６

＿＿＿くみ＿＿＿ばん　なまえ＿＿＿＿＿＿＿＿＿＿

🏁ゴール

ぜんいんが，しきからもんだいをつくったり，たしざんのけいさんを したりできる。

❶ えをみて，6＋2になるもんだいを つくりましょう。

［もんだい］

❷ えをみて，3＋2になるもんだいを つくりましょう。

［もんだい］

❸ ❶❷でつくったもんだいを，3にんにせつめいし，なっとくしてもらえたら サインを もらいましょう。

✏ともだちのサイン　|　　　|　　　|　　　|

❹ けいさんをしましょう。

(1) 4＋5＝ ☐

(2) 7＋3＝ ☐

(3) 0＋9＝ ☐

(4) 6＋2＝ ☐

かだい 5　ひきざん 1

	めあて（ゴール）	かだい
1	ぜんいんが，ひきざんのけいさんを，−と＝をつかってしきにすることができる。	❶ えをみて，（　　）にあてはまるかずをかき，おはなしを つくりましょう。 ❷ えをみて，おはなしをつくり，かきましょう。あわせていくつになるかは，ブロックをおいて たしかめましょう。おはなしを 3 にんにせつめいして，なっとくしてもらえたら，サインをもらいましょう。 ❸ ❷でつくったおはなしを，−と＝をつかってしきにしましょう。
2	ぜんいんが，「のこりは」というときにひきざんになることがわかり，ひきざんのけいさんができる。	❶ えをみて，「のこりは」ということばをつかって，おはなしを つくりましょう。また，しきとこたえを かきましょう。 ❷ ❶の（2）のけいさんのしかたを，ブロックをつかって 3にんに せつめいし，なっとくしてもらえたら サインをもらいましょう。 ❸ ひきざんのけいさんをしましょう。
3	ぜんいんが，ぶんからえにあらわし，しきをかいてけいさんすることができる。	❶ とまとが 7 こなりました。3 こたべました。のこりはなんこになるでしょうか。しきとこたえを かきましょう。 ❷ こどもが 9 にんいます。おんなのこは 6 にんいます。おとこのこは なんにんでしょうか。もんだいぶんにあうように，えや，ずをかきましょう。 ❸ ❷のしきをかいてこたえをもとめましょう。けいさんのしかたを 3 にんに せつめいし，なっとくしてもらえたら サインをもらいましょう。

4	ぜんいんが，ひきざんカードをならべて，かずのかわりかたをせつめいすることができる。	❶ ひきざんカードをつくりましょう。 ❷ したのずのように，ひきざんカードを じゅんに ならべましょう。 ❸ カードをならべて，かずのかわりかたできづいたことを 3つい じょう かきましょう。かいたものを 3にんに せつめいし，なっとくしてもらえたら サインをもらいましょう。 ❹ ひきざんカードをつかって，おもてをみて，こたえをいうれんしゅうをしましょう。
5	ぜんいんが，0のひきざんのけいさんをすることができる。	❶ バナナをたべます。のこりは なんぼんになるでしょうか。えにあうように，しきにかいて，こたえをもとめましょう。 ❷ ❶のしきのりゆうを 3にんに せつめいし，なっとくしてもらえたら サインをもらいましょう。 ❸ ひきざんのけいさんをしましょう。
6	ぜんいんが，どちらがおおいかかんがえるときに，ひきざんをつかうことをせつめいできる。	❶ ももは とまとより，なんこおおいでしょうか。どちらがおおいかを かんがえるときには，ひきざんをつかって もとめることができます。そのりゆうを，ずやブロックをつかって，3にんにせつめいし，なっとくしてもらえたら サインをもらいましょう。 ❷ いぬは，ねこよりなんびき おおいでしょうか。しきをかいて，こたえをもとめましょう。

7	ぜんいんが,「どちらがどれだけおおいか」や「ちがいは」ときかれているときに,ひきざんのしきをかいてけいさんできる。	❶ うしとひつじでは,どちらがなんとう おおいでしょうか。 　(1) どちらがおおいか ブロックをつかってしらべましょう。 　(2) しきにかいて,こたえをもとめましょう。 ❷ くろいふうせんのかずと,しろいふんせんのかずのちがいはいくつでしょうか。 　(1) かずのちがいをブロックをつかってしらべましょう。 　(2) しきにかいて,こたえをもとめましょう。 ❸ コップが8こあります。さらが6こあります。ちがいはいくつでしょうか。しきにかいて,こたえをもとめましょう。しきの りゆうを3にんに せつめいし,なっとくしてもらえたらサインをもらいましょう。
8	ぜんいんが,しきからもんだいをつくったり,ひきざんのけいさんをしたりすることができる。	❶ えをみて,6－4になるもんだいを つくりましょう。 ❷ 8－3になるもんだいを じぶんでかんがえて つくりましょう。つくったもんだいを3にんに しょうかいし,サインをもらいましょう。 ❸ ひきざんのけいさんをしましょう。

ひきざん1 ①

_____くみ_____ばん　なまえ_____

🏁 **ゴール**

ぜんいんが，ひきざんのけいさんを，－と＝をつかってしきにすることができる。

❶ えをみて，（　）にあてはまるかずをかき，おはなしを つくりましょう。

みかんが　　　　　　　　みかんを　　　　　　　　のこりのみかんは
（　　　）こあります。　（　　　）こたべます。　（　　　）こです。

❷ えをみて，おはなしをつくり，かきましょう。あわせていくつになるかは，ブロックをおいてたしかめましょう。おはなしを3にんにせつめいして，なっとくしてもらえたら，サインをもらいましょう。

［おはなし］

✏️ともだちのサイン　| | | |

❸ ❷でつくったおはなしを，－と＝をつかって しきにしましょう。

［しき］

ひきざん1 2

＿＿＿＿くみ＿＿＿＿ばん　なまえ＿＿＿＿＿＿＿＿＿＿

🏁 ゴール

ぜんいんが,「のこりは」というときに ひきざんになることがわかり, ひきざんのけいさんができる。

❶ えをみて,「のこりは」ということばをつかって, おはなしを つくりましょう。また, しきとこたえをかきましょう。

(1)  ［おはなし］

［し　き］＿＿＿＿＿＿＿＿＿＿＿＿　　［こたえ］＿＿＿＿＿＿＿＿＿＿＿＿

(2) ［おはなし］

［し　き］＿＿＿＿＿＿＿＿＿＿＿＿　　［こたえ］＿＿＿＿＿＿＿＿＿＿＿＿

❷ ❶の(2)のけいさんのしかたを, ブロックをつかって 3にんに せつめいし, なっとくしてもらえたら サインをもらいましょう。

✏️ともだちのサイン ｜　　　｜　　　｜　　　｜

❹ ひきざんの けいさんをしましょう。

(1) 3 − 1 = ☐　(2) 4 − 3 = ☐　(3) 8 − 3 = ☐　(4) 9 − 2 = ☐

(5) 7 − 6 = ☐　(6) 6 − 4 = ☐　(7) 10 − 7 = ☐　(8) 10 − 2 = ☐

ひきざん1 ③

_____くみ_____ばん　なまえ_____

🚩 **ゴール**

ぜんいんが, ぶんから えに あらわし, しきを かいて けいさんすることができる。

❶ とまとが 7こなりました。3こたべました。のこりは なんこになるでしょうか。しきとこたえを かきましょう。

［し　き］_____　　［こたえ］_____

❷ こどもが 9にんいます。おんなのこは 6にんいます。おとこのこは なんにんでしょうか。もんだいぶんにあうように, えや, ずをかきましょう。

❸ ❷のしきをかいてこたえをもとめましょう。けいさんのしかたを 3にんに せつめいし, なっとくしてもらえたら サインをもらいましょう。

［し　き］_____　　［こたえ］_____

✏ ともだちのサイン

ひきざん1 ④

_____くみ_____ばん　なまえ_____

> 🏁 **ゴール**
> ぜんいんが，ひきざんカードをならべて，かずのかわりかたをせつめいすることができる。

❶ ひきざんカードをつくりましょう。

❷ したのずの ように，ひきざんカードを じゅんに ならべましょう。
※①～⑤にどのカードをならべるかかんがえてみましょう。

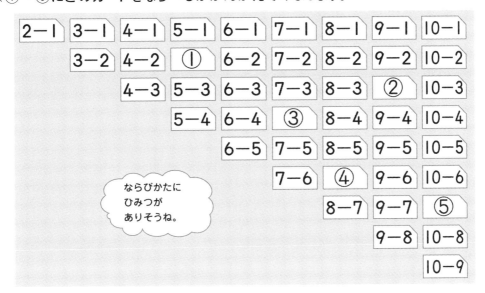

ならびかたに ひみつが ありそうね。

❸ カードをならべて，かずのかわりかたで きづいたことを 3ついじょう かきましょう。
かいたものを 3にんに せつめいし，なっとくしてもらえたら サインをもらいましょう。

[きづいたこと]

✏️ ともだちのサイン　|　　|　　|　　|

❹ ひきざんカードをつかって，こたえをいうれんしゅうをしましょう。

ひきざん1 5

_____くみ_____ばん　なまえ_____

🏁ゴール
ぜんいんが，0のひきざんのけいさんをすることができる。

❶ バナナをたべます。のこりは なんぼんになるでしょうか。えにあうように，しきにかいて，こたえをもとめましょう。

(1)

[しき]_____

[こたえ]_____

(2)

[しき]_____

[こたえ]_____

❷ ❶のしきのりゆうを3にんにせつめいし，なっとくしてもらえたらサインをもらいましょう。

(1)

(2)

✏ともだちのサイン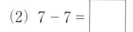

❸ ひきざんのけいさんをしましょう。

(1) $2 - 2 =$ ☐　(2) $7 - 7 =$ ☐　(3) $4 - 4 =$ ☐　(4) $1 - 1 =$ ☐

(5) $8 - 0 =$ ☐　(6) $9 - 0 =$ ☐　(7) $5 - 0 =$ ☐　(8) $0 - 0 =$ ☐

ひきざん1 6

＿＿＿くみ＿＿＿ばん　なまえ＿＿＿＿＿＿＿＿＿＿

🏁ゴール

ぜんいんが，どちらがおおいかかんがえるときに，ひきざんをつかうことをせつめいできる。

❶ ももはとまとより，なんこおおいでしょうか。どちらがおおいかをかんがえるときには，ひきざんをつかってもとめることができます。そのりゆうを，ずやブロックをつかって，3にんにせつめいし，なっとくしてもらえたらサインをもらいましょう。

［せつめい］

［しき］＿＿＿＿＿＿＿＿＿＿　　［こたえ］＿＿＿＿＿＿＿＿

✏ ともだちのサイン

❷ いぬは，ねこよりなんびき おおいでしょうか。しきをかいて，こたえをもとめましょう。

［しき］＿＿＿＿＿＿＿＿＿＿

［こたえ］＿＿＿＿＿＿＿＿

ひきざん1 ７

_____くみ_____ばん　なまえ_____

🏁 **ゴール**

ぜんいんが,「どちらがどれだけおおいか」や「ちがいは」ときかれているときに,ひきざんのしきをかいてけいさんできる。

❶ うしとひつじでは、どちらがなんとう おおいでしょうか。

(1) どちらがおおいか ブロックをつかってしらべましょう。
(2) しきにかいて、こたえをもとめましょう。

[し　き]_____　[こたえ]_____

❷ くろいふうせんのかずと、しろいふうせんのかずのちがいはいくつでしょうか。

(1) どちらがおおいか ブロックをつかって しらべましょう。
(2) しきにかいて、こたえを もとめましょう。

[し　き]_____　[こたえ]_____

❸ コップが 8 こあります。さらが 6 こあります。ちがいはいくつでしょうか。しきにかいて、こたえをもとめましょう。しきの りゆうを 3 にんに せつめいし、なっとくしてもらえたら サインをもらいましょう。

[し　き]_____　[こたえ]_____

✏️ ともだちのサイン　| | | |

ひきざん1 8

＿＿＿くみ＿＿＿ばん　なまえ＿＿＿＿＿＿＿＿＿

🏁ゴール

ぜんいんが，しきからもんだいをつくったり，ひきざんのけいさんをしたりできる。

❶ えをみて，6－4になるもんだいを つくりましょう。

(1) 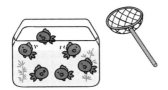　　［もんだい］

(2) 　　［もんだい］

(3) 　　［もんだい］

❷ 8－3になるもんだいを じぶんでかんがえて つくりましょう。つくったもんだいを3にんに しょうかいし，サインをもらいましょう。

［もんだい］

✏ ともだちのサイン			

❸ ひきざんのけいさんをしましょう。

(1) 5－1＝ ☐　　(2) 9－3＝ ☐　　(3) 8－7＝ ☐　　(4) 10－8＝ ☐

かだい6　10よりおおきいかず

	めあて（ゴール）	かだい
1	ぜんいんが、「10のまとまり」をつくって かぞえることのよさを せつめいすることができる。	❶ ふうせんのかずを、2とおりのほうほうで かぞえましょう。 ❷ かぞえるときに、10のまとまりをつくると かぞえやすくなります。それはなぜでしょうか。りゆうを 3にんに せつめいし、なっとくしてもらえたら サインをもらいましょう。 ❸ かずをかぞえて、すうじでかきましょう。
2	ぜんいんが、11から20までのかずをかぞえて、すうじでかくことができる。	❶ かずを10のまとまりをつくってからかぞえて、すうじでかきましょう。 ❷ ❶のかずを、ただしくかぞえましょう。ただしくすうじをかけているか、3にんにかくにんしてもらい、あっていたら サインをもらいましょう。
3	ぜんいんが、かずをはやくかぞえたり、10といくつでいくつになるかをかいたりできる。	❶ えをみて、こども、みかんのかずを それぞれかぞえましょう。 ❷ ❶のもんだいでは、どのようにかぞえると すばやくかぞえることができるか、3にんにせつめいしましょう。なっとくしてもらえたら サインをもらいましょう。 ❸ □にかずをかきましょう。あっているかは、ブロックをつかってたしかめましょう。
4	ぜんいんが、かずのおおきい ちいさいや、かずのじゅんばんを せつめいすることができる。	❶ どちらのかずがおおきいでしょうか。おおきいすうじのしたの（　　）に○をかきましょう。 ❷ かずのじゅんばんを かんがえて（　　）にかずをかきましょう。なぜ、（　　）にそのかずをかいたかを、3にんにせつめいし、なっとくしてもらえたらサインをもらいましょう。 ❸ かずのせんをみて きづいたことを3つかきましょう。

5	ぜんいんが，10と いくつをしきにして けいさんすることができる。	❶ 14は10と4です。また，10と4で14です。（　）にあてはまるかずをかきましょう。 ❷ じょうけんにあうように，しきにかき，こたえをもとめましょう。しきのりゆうと けいさんのしかたを 3にんに せつめいし，なっとくしてもらえたら サインをもらいましょう。 ❸ けいさんをしましょう。
6	ぜんいんが，(10 いくつ)＋(いくつ)，(10 いくつ)－(いくつ) のけいさんができる。	❶ つぎのけいさんをしましょう。また，けいさんのしかたを，ずや ことばで かきましょう。 ❷ けいさんをしましょう。 ❸ えんぴつが11ぽんあります。さらに4ほんもらいました。ぜんぶでなんほんですか。しきとこたえをかきましょう。また，しきのりゆうと けいさんのしかたを 3にんに せつめいし，なっとくしてもらえたら サインをもらいましょう。

10 よりおおきいかず 1

_____くみ _____ばん　なまえ_____

🏁 **ゴール**
ぜんいんが,「10 のまとまり」をつくって かぞえることのよさを せつめいすることができる。

❶ ふうせんのかずを, 2 とおりのほうほうで かぞえましょう。

1 とおりめ 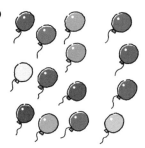　　2 とおりめ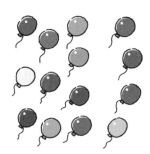

　　　　　　　　　　　　ふうせんのかず _____ こ

❷ かぞえるときに, 10 のまとまりをつくると かぞえやすくなります。それはなぜでしょうか。りゆうを 3 にんに せつめいし, なっとくしてもらえたら サインをもらいましょう。

✏ ともだちのサイン | | | |

❸ かずをかぞえて, すうじでかきましょう。

(1)  _____ ひき

(2) 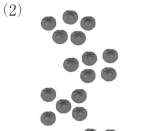 _____ こ

10 よりおおきいかず 2

　　　　　　　　　　くみ　　　　ばん　なまえ

🏁 **ゴール**

ぜんいんが，11 から 20 までのかずをかぞえて，すうじでかくことができる。

❶ かずを 10 のまとまりを つくってから かぞえて，すうじでかきましょう。

(1)　　　　　　　　　　　　　　　　　(2)

　　　　　　　　　　　　　まい　　　　　　　　　　　　　　　　　　こ

(3)

　　　　　　　　　　　　　　　　　　　　　　　　　　　こ

(4)

　　　　　　　　　　　　　　　　　　　　　　　　　　　こ

❷ ❶のかずを，ただしくかぞえましょう。ただしく すうじをかけているか，3 にんにかくにんしてもらい，あっていたら サインをもらいましょう。

✏ ともだちのサイン　| | | |

10 よりおおきいかず 3

＿＿＿くみ ＿＿＿ばん　なまえ＿＿＿＿＿＿＿＿＿＿

🏁 ゴール

ぜんいんが, かずをはやくかぞえたり, 10 といくつでいくつになるかを かいたりできる。

❶ えをみて, こども, みかんのかずを それぞれかぞえましょう。

(1)　　　　　　　　　　　　　　　　(2)

こどものかず ＿＿＿＿＿＿＿ にん　　みかんのかず ＿＿＿＿＿＿＿ こ

❷ ❶のもんだいでは, どのようにかぞえると すばやくかぞえることができるか, 3 にんにせつめいしましょう。なっとくしてもらえたら サインをもらいましょう。

✏ ともだちのサイン | ＿＿＿ | ＿＿＿ | ＿＿＿ |

❸ □にかずをかきましょう。あっているかは, ブロックをつかってたしかめましょう。

(1) 10 と 5 で □　　(2) 10 と 1 で □　　(3) 10 と 8 で □

(4) 12 は 10 と □　　(5) 16 は 10 と □　　(6) 13 は 10 と □

(7) 17 は □ と 7　　(8) 20 は 10 と □

10 よりおおきいかず 4

_____ くみ _____ ばん　なまえ _____

🏁 **ゴール**

ぜんいんが,かずの おおきい ちいさいや,かずの じゅんばんを せつめいすることができる。

❶ どちらのかずが おおきいでしょうか。おおきいすうじの したの（　）に ○をかきましょう。

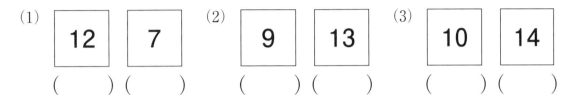

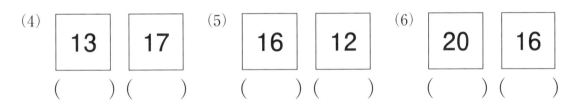

❷ かずの じゅんばんを かんがえて（　）に かずを かきましょう。なぜ,（　）に そのかずをかいたかを,3にんに せつめいし,なっとくしてもらえたら サインをもらいましょう。

(1) －（　　　　）－ 12 － 13 －（　　　　）－

(2) － 14 － 15 －（　　　　）－ 17 －（　　　　）－

(3) － 10 －（　　　　）－（　　　　）－ 16 － 18 －

✏ ともだちのサイン ｜　　　　｜　　　　｜　　　　｜

❸ かずのせんを みて きづいたことを 3つ かきましょう。

0 1 2 3 4 5 6 7 8 9 10 11 12 13 14 15 16 17 18 19 20

［きづいたこと］

10よりおおきいかず 5

＿＿＿くみ＿＿＿ばん　なまえ＿＿＿＿＿＿＿＿＿＿

🏁 ゴール

ぜんいんが，10といくつをしきにして けいさんすることができる。

❶ 14は10と4です。また，10と4で14です。（　）にあてはまるかずをかきましょう。

(1) 10 + 4 = （　　　　　　　）　　(2) 14 − 4 = （　　　　　　　）

❷ じょうけんにあうように，しきにかき，こたえをもとめましょう。しきのりゆうとけいさんのしかたを 3にんに せつめいし，なっとくしてもらえたら サインをもらいましょう。

(1) 10に6をたしたかず　　　　［しき］＿＿＿＿＿＿＿＿＿＿

(2) 12から2をひいたかず　　　［しき］＿＿＿＿＿＿＿＿＿＿

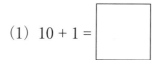ともだちのサイン

❸ けいさんをしましょう。

(1) 10 + 1 = ☐　　(2) 10 + 9 = ☐　　(3) 10 + 2 = ☐

(4) 13 − 3 = ☐　　(5) 11 − 1 = ☐　　(6) 18 − 8 = ☐

10 よりおおきいかず 6

＿＿＿＿くみ＿＿＿＿ばん　なまえ＿＿＿＿＿＿＿＿＿＿

🏁 ゴール

ぜんいんが,（10 いくつ）＋（いくつ）,（10 いくつ）－（いくつ）のけいさんができる。

❶ つぎのけいさんをしましょう。また, けいさんのしかたを, ずや ことばで かきましょう。

(1) 13 + 2 = (　　　　　　)　　(2) 17 - 3 = (　　　　　　)

［せつめい］　　　　　　　　　　［せつめい］

❷ けいさんをしましょう。

(1) 16 + 3 =　　(2) 14 + 1 =　　(3) 12 + 5 =

(4) 17 + 2 =　　(5) 13 - 1 =　　(6) 16 - 5 =

(7) 18 - 3 =　　(8) 19 - 8 =

❸ えんぴつが 11 ぽんあります。さらに 4 ほんもらいました。ぜんぶでなんほんですか。しきと こたえをかきましょう。また, しきのりゆうと けいさんのしかたを 3にんに せつめいし, なっとくしてもらえたら サインをもらいましょう。

［しき］＿＿＿＿＿＿＿＿＿＿　　［こたえ］＿＿＿＿＿＿＿＿＿＿

✏️ ともだちのサイン

かだい7 とけい1

	めあて（ゴール）	かだい
1	ぜんいんが，とけいのよみかたを せつめいすることができる。	❶ じこくは，3じとよむことができます。そのりゆうをかきましょう。 ❷ じこくは，1じはんとよむことができます。そのりゆうをかきましょう。 ❸ (1)〜(4) のとけいのじこくをかきましょう。とけいのよみかたを 3にんに せつめいし，なっとくしてもらえたら サインをもらいましょう。
2	ぜんいんが，とけいのはりをあわせたり，とけいのはりを かいたりすることができる。	❶ もけいのとけいのはりを，11じ，3じはんになるようにあわせましょう。 ❷ (1) 6じ，(2) 9じはんになるように，とけいの ながいはりをかきましょう。 ❸ じぶんのせいかつを，「〜じ（〜はん）に〜をしました。」と，4つのぶんでかきましょう。また，それぞれのじこくにあうよう，もけいのじこくをあわせましょう。3にんにせつめいし，なっとくしてもらえたら サインをもらいましょう。

とけい1 　1

_____くみ_____ばん　なまえ_____

🏁ゴール
ぜんいんが、とけいのよみかたを せつめいすることができる。

❶ じこくは、3じと よむことができます。そのりゆうをかきましょう。
[りゆう]

❷ じこくは、1じはんとよむことができます。そのりゆうをかきましょう。
[りゆう]

❸ (1)～(4) のとけいのじこくを かきましょう。とけいのよみかたを 3にんに せつめいし、なっとくしてもらえたら サインをもらいましょう。

(1)

(　　　　　　　　)

(2)

(　　　　　　　　)

(3)

(　　　　　　　　)

(4)

(　　　　　　　　)

✏ともだちのサイン　|　　　|　　　|　　　|

とけい1 ②

_____くみ_____ばん　なまえ_____

🏁ゴール
ぜんいんが，とけいのはりをあわせたり，とけいのはりを かいたりすることができる。

❶ もけいのとけいのはりを，11じ，3じはんになるようにあわせましょう。

❷ (1) 6じ，(2) 9じはんになるように，とけいの ながいはりをかきましょう。

(1)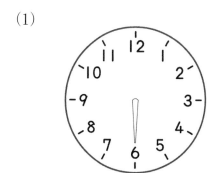

(2)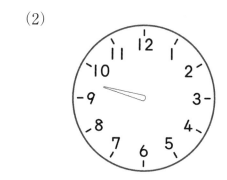

❸ じぶんのせいかつを,「～じ（～はん）に～をしました。」と,4つのぶんでかきましょう。また，それぞれのじこくにあうよう，もけいのじこくをあわせましょう。3にんにせつめいし，なっとくしてもらえたら サインをもらいましょう。

(1)

(2)

(3)

(4)

✏️ともだちのサイン

| かだい 8 | おおきさくらべ |

	めあて（ゴール）	かだい
1	ぜんいんが，ながさのくらべかたを せつめいすることができる。	❶ えんぴつを 2 ほんだして，2 ほんのえんぴつの ながさをくらべましょう。 ❷ 2 ほんのひもの ながさをくらべましょう。ながいほうのひも いろをかきましょう。 ❸ はがきのたてとよこの ながさをくらべましょう。たてとよこでは どちらがながいですか。 ❹ ❶〜❸のながさのくらべかたを 3 にんに せつめいし，なっとくしてもらえたら サインをもらいましょう。 ❺ ながいほうに○をかきましょう。
2	ぜんいんが，ながさをテープにうつしてくらべることができる。	❶ はかるものを 5 つきめて，ながさをテープにうつしましょう。なにをはかったか，テープにかいておきましょう。 ❷ ❶ではかったもののながさをくらべ，おおきいじゅんにかきましょう。 ❸ ながさをうつしたテープをグループごとにくらべましょう。おおきいじゅんから 5 つ，ちいさいじゅんから 5 つかき，ひょうをつくりましょう。 ❹ ずをみて，いちばんばがいものに ○をつけましょう。
3	ぜんいんが，ながさをかずであらわすことができる。	❶ つくえの よこのながさを えんぴつをつかってはかり，ながさをかずで あらわしましょう。 ❷ つくえの よこのながさを けしごむをつかってはかり，ながさをかずで あらわしましょう。 ❸ じぶんではかるものを 3 つきめ，えんぴつ・けしごむでそれぞれはかり，かずであらわしましょう。3 にんにせつめいし，なっとくしてもらえたらサインをもらいましょう。 ❹ ながさをくらべましょう。 　（1）いちばんながいのは どれですか。 　（2）⑦と⑰では，どちらが ますのいくつぶん ながいでしょうか。

4	ぜんいんが，ひろさのくらべかたをせつめいすることができる。	❶ 2まいのカードのひろさをくらべます。くらべかたをかきましょう。 ❷ ひろさは，したのずのように，おなじおおきさのものをしきつめても くらべることができます。このくらべかたのよさをかきましょう。3にんにせつめいし，なっとくしてもらえたら サインをもらいましょう。 ❸ ❶と❷のほうほうで，いろいろなもののひろさをくらべてみましょう。
5	ぜんいんが，みずのかさをくらべることができる。	❶ 2つのみずのかさをくらべます。くらべかたを，3つのほうほうでかんがえて，かきましょう。 ❷ ❶でかんがえた3つのほうほうで，みずのかさをくらべましょう。「～だから…のほうがみずのかさがおおい」とそれぞれかきましょう。 ❸ どのようにしてくらべたら，どちらがおおいかが わかったのか3にんにせつめいし，なっとくしてもらえたら サインをもらいましょう。
6	ぜんいんが，かさのくらべかたをせつめいすることができる。	❶ コップのかずにちゅうもくして，3つのいれもののみずのかさをくらべましょう。 ❷ 2つのいれものの みずのかさをくらべ，おおきいほうをえらびましょう。また，なぜ，おおきいといえるのか りゆうをかきましょう。3にんにせつめいし，なっとくしてもらえたら サインをもらいましょう。 ❸ コップをつかって，みぢかにあるものの かさをくらべてみましょう。

おおきさくらべ 1

_____くみ_____ばん　なまえ_____

🏁 **ゴール**

ぜんいんが，ながさのくらべかたを せつめいすることができる。

❶ えんぴつを 2 ほんだして，2 ほんのえんぴつの ながさをくらべましょう。

❷ 2 ほんのひもの ながさをくらべましょう。ながいほうの ひもの いろをかきましょう。
　　　　　　　　　　　　　　　　（　　　　　　　　　　　）

❸ はがきのたてとよこの ながさをくらべましょう。たてとよこでは どちらがながいですか。
　　　　　　　　　　　　　　　　（　　　　　　　　　　　）

❹ ❶〜❸のながさのくらべかたを 3にんに せつめいし，なっとくしてもらえたら サインをもらいましょう。

✏ ともだちのサイン

❺ ながいほうに○をかきましょう。

(1) ⑦　（　）　　(2) たて（　）
　　 ⑦　（　）　　　　 よこ（　）

(3) ⑦　（　）　　(4) たて（　）
　　 ⑦　（　）　　　　 よこ（　）

おおきさくらべ 2

_____くみ_____ばん　なまえ_____

> 🏁 **ゴール**
> ぜんいんが，ながさをテープにうつしてくらべることができる。

❶ はかるものを 5 つきめて，ながさをテープにうつしましょう。なにをはかったか，テープにかいておきましょう。

❷ ❶ではかったもののながさをくらべ，おおきいじゅんにかきましょう。

(1) (　　　　　　)　(2) (　　　　　　　)　(3) (　　　　　　　)
(4) (　　　　　　)　(5) (　　　　　　　)

❸ ながさをうつしたテープをグループごとにくらべましょう。
おおきいじゅんから 5 つ，ちいさいじゅんから 5 つかき，ひょうをつくりましょう。

[おおきいじゅん]

1	
2	
3	
4	
5	

[ちいさいじゅん]

1	
2	
3	
4	
5	

❹ ずをみて，いちばんながいものに○をつけましょう。

まどのはば　　　(　　　　　　)　　　　ろっかあのたかさ (　　　　　　　)
つくえのたかさ　(　　　　　　)

おおきさくらべ 3

＿＿＿くみ＿＿＿ばん　なまえ＿＿＿＿＿＿＿＿＿

🏁 ゴール
ぜんいんが，ながさをかずであらわすことができる。

❶ つくえの よこのながさを えんぴつをつかってはかり，ながさをかずで あらわしましょう。

　　　　　　　　えんぴつ ＿＿＿＿＿＿＿＿＿＿ほんぶん

❷ つくえの よこのながさを けしごむをつかってはかり，ながさをかずで あらわしましょう。

　　　　　　　　けしごむ ＿＿＿＿＿＿＿＿＿＿こぶん

❸ じぶんではかるものを 3つきめ，えんぴつ・けしごむでそれぞれはかり，かずであらわしましょう。3にんにせつめいし，なっとくしてもらえたらサインをもらいましょう。

はかるもの	えんぴつ	けしごむ
	ほんぶん	つぶん
	ほんぶん	つぶん
	ほんぶん	つぶん

✏️ ともだちのサイン | | | |

❹ ながさをくらべましょう。

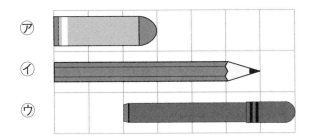

(1) いちばんながいのは どれですか。　　　　　（　　　　　）

(2) ㋐と㋒では，どちらが ますのいくつぶん ながいでしょうか。

　　　　　（　　　　　）が（　　　　　）ますぶん ながい。

おおきさくらべ 4

_____くみ_____ばん　なまえ_____

🏁 **ゴール**

ぜんいんが，ひろさのくらべかたを せつめいすることができる。

❶ 2まいのカードの ひろさをくらべます。くらべかたをかきましょう。

［くらべかた］

❷ ひろさは，したの ずのように，おなじおおきさのものをしきつめても くらべることができます。このくらべかたのよさをかきましょう。3にんにせつめいし，なっとくしてもらえたら サインをもらいましょう。

［くらべかた］

✏️ ともだちのサイン

❸ ❶と❷のほうほうで，いろいろなもののひろさをくらべてみましょう。

おおきさくらべ 5

＿＿＿くみ＿＿＿ばん　なまえ＿＿＿＿＿＿＿＿＿＿

🏁ゴール
ぜんいんが，みずのかさをくらべることができる。

❶ 2つのみずのかさをくらべます。くらべかたを，3つのほうほうでかんがえて，かきましょう。

［くらべかた］

❷ ❶でかんがえた3つのほうほうで，みずのかさをくらべましょう。「〜だから…のほうがみずのかさがおおい」とそれぞれかきましょう。

［くらべかた］

❸ どのようにしてくらべたら，どちらがおおいかが わかったのか3にんにせつめいし，なっとくしてもらえたら サインをもらいましょう。

✏️ともだちのサイン

おおきさくらべ 6

_____くみ_____ばん　なまえ_____

🏁 **ゴール**

ぜんいんが，みずのかさのくらべかたをせつめいすることができる。

❶ コップのかずにちゅうもくして，3つのいれもののみずのかさをくらべましょう。

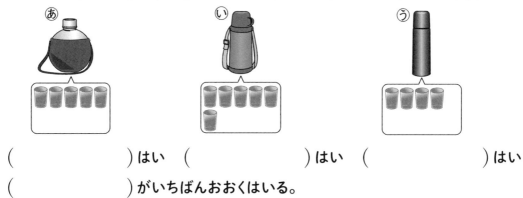

（　　　　　）はい　（　　　　　）はい　（　　　　　）はい

（　　　　　　　　）がいちばんおおくはいる。

❷ 2つのいれものの みずのかさをくらべ，おおきいほうをえらびましょう。また，なぜ，おおきいといえるのか りゆうをかきましょう。3にんにせつめいし，なっとくしてもらえたら サインをもらいましょう。

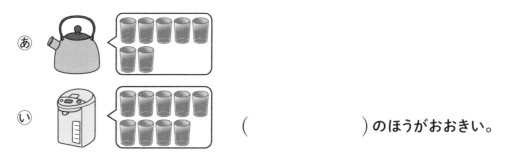

（　　　　　）のほうがおおきい。

[りゆう]

✏ ともだちのサイン

❸ コップをつかって，みぢかにあるものの かさをくらべてみましょう。

かだい9　3つのかずのけいさん

	めあて（ゴール）	かだい
1	ぜんいんが、3つのかずの たしざんや ひきざんのけいさんのしかたを せつめいすることができる。	ねこが2ひきいます。そこに4ひき きました。つぎに3びき きました。ねこは みんなでなんびきになったでしょうか。 ❶ もんだいぶんにあうように、1つのしきにかいて あらわしましょう。また、こたえも もとめましょう。 ❷ ❶がなぜ、そのような しきになったのか、また、けいさんのしかたを3にんにせつめいし、なっとくしてもらえたら サインをもらいましょう。 ❸ 3つのかずの けいさんをしましょう。
2	ぜんいんが、たしざんと ひきざんの まざった3つのかずの けいさんのしかたを せつめいすることができる。	いぬが3びきいます。そこに5ひき きました。そして4ひき かえりました。いぬは なんびきになったでしょうか。 ❶ もんだいぶんにあうように、1つのしきにかいて あらわしましょう。また、こたえも もとめましょう。 ❷ ❶がなぜ、そのようなしきになったのか、また、けいさんのしかたを3にんにせつめいし、なっとくしてもらえたら サインをもらいましょう。 ❸ たしざんと ひきざんのまざった 3つのかずのけいさんをしましょう。

3つのかずのけいさん 1

　　　　　くみ　　　ばん　なまえ

🏁 **ゴール**

ぜんいんが，3つのかずの たしざんや ひきざんのけいさんのしかたを せつめいする ことができる。

ねこが 2ひき います。そこに 4ひき きました。つぎに 3びき きました。ねこは みんなで なんびきになったでしょうか。

❶ もんだいぶんにあうように，1つのしきにかいて あらわしましょう。また，こたえも もとめましょう。

［し　き］＿＿＿＿＿＿＿＿＿＿　　［こたえ］＿＿＿＿＿＿＿＿＿＿

❷ ❶がなぜ，そのような しきになったのか，また，けいさんのしかたを 3にんにせつめいし，なっとくしてもらえたら サインをもらいましょう。

✏️ ともだちのサイン ｜　　　｜　　　｜　　　｜

❸ 3つのかずの けいさんをしましょう。

(1) 4 + 1 + 2 = ☐　　(2) 1 + 5 + 3 = ☐　　(3) 6 + 4 + 3 = ☐

(4) 8 + 2 + 7 = ☐　　(5) 7 − 3 − 2 = ☐　　(6) 9 − 6 − 2 = ☐

(7) 15 − 5 − 4 = ☐　　(8) 13 − 3 − 7 = ☐　　(9) 19 − 9 − 6 = ☐

3つのかずのけいさん 2

_____くみ_____ばん　なまえ_____

🏁ゴール

ぜんいんが，たしざんとひきざんの まざった 3 つのかずの けいさんのしかたを せつめいすることができる。

いぬが 3 びきいます。そこに 5 ひき きました。そして 4 ひき かえりました。いぬは なんびきになったでしょうか。

❶ もんだいぶんにあうように，1 つのしきにかいて あらわしましょう。また，こたえも もとめましょう。

［し　き］_____　　［こたえ］_____

❷ ❶がなぜ，そのようなしきになったのか，また，けいさんのしかたを 3 にんにせつめいし，なっとくしてもらえたら サインをもらいましょう。

✏ともだちのサイン ｜　　　｜　　　｜　　　｜

❸ たしざんと ひきざんのまざった 3 つのかずのけいさんをしましょう。

(1) 5 − 2 + 3 = ☐　　(2) 8 − 6 + 1 = ☐　　(3) 10 − 8 + 2 = ☐

(4) 10 − 5 + 4 = ☐　　(5) 3 + 4 − 2 = ☐　　(6) 2 + 7 − 5 = ☐

(7) 5 + 5 − 1 = ☐　　(8) 1 + 9 − 3 = ☐　　(9) 7 + 3 − 9 = ☐

かだい10 たしざん2

	めあて（ゴール）	かだい
1	ぜんいんが，こたえが10よりおおきくなる たしざんのけいさんのしかたを せつめいすることができる。	みさきさんは くりを 8こ，けいこさんは 3こひろいました。あわせて なんこ ひろったでしょうか。 ❶ もんだいぶんに あうように しきをかきましょう。 ❷ けいさんのしかたを，ブロックをうごかして かんがえましょう。 ❸ 10をつくってから けいさんして こたえを もとめましょう。また，けいさんのしかたを ことばでかきましょう。3にんにせつめいし，なっとくしてもらえたら サインをもらいましょう。
2	ぜんいんが，10をつくってからする，たしざんのけいさんのしかたを せつめいすることができる①。	❶ 9＋5のけいさんのしかたを ことばでかきましょう。3にんにせつめいし，なっとくしてもらえたら サインをもらいましょう。 ❷ けいさんをしましょう。
3	ぜんいんが，10をつくってからする，たしざんのけいさんのしかたを せつめいすることができる②。	あめが6こあります。あとから8こもらいました。あめは ぜんぶでなんこに なりましたか。 ❶ しきは6＋8になります。6＋8をけいさんするときには，6を10にするよりも 8を10にするほうが けいさんしやすいです。そのりゆうをかきましょう。 ❷ 6＋8のけいさんのしかたを ことばでかきましょう。3にんにせつめいし，なっとくしてもらえたら サインをもらいましょう。 ❸ けいさんをしましょう。
4	ぜんいんが，いろいろなけいさんのしかたを せつめいすることが できる。	❶ 6＋7のけいさんのしかたを3とおりかんがえて，ことばや ずで かきましょう。3にんにせつめいし，なっとくしてもらえたら サインをもらいましょう。 ❷ けいさんをしましょう。

5	ぜんいんが，もんだいぶんをよみ，しきをたててこたえをもとめることができる。	くろいはなが7ほんあります。しろいはなが5ほんあります。はなはぜんぶで なんぼんありますか。 ❶ しきをかいて こたえをもとめましょう。また，しきのりゆう，けいさんのしかたをかきましょう。3にんにせつめいし，なっとくしてもらえたら サインをもらいましょう。 ❷ けいさんをしましょう。
6	ぜんいんが，たしざんのもんだいを つくることができる。	❶ えをみて，8＋6のしきになるもんだいを つくりましょう。 ❷ 8＋6のしきになるもんだいを，じぶんで かんがえて つくりましょう。3にんにせつめいし，なっとくしてもらえたら サインをもらいましょう。
7	ぜんいんが，たしざんカードをならべて，かずのかわりかたを せつめいすることができる。	❶ たしざんカードをつくりましょう。 ❷ たしざんカードをしたのずのように，じゅんにならべましょう。 ❸ カードをならべて，かずのかわりかたで きづいたことを3ついじょうかきましょう。かいたものを3にんにせつめいし，なっとくしてもらえたら サインをもらいましょう。 ❹ カードをつかって，たしざんのこたえをいう れんしゅうをしましょう。

たしざん2 ①

_____くみ_____ばん　なまえ_____

🏁ゴール
ぜんいんが, こたえが 10 よりおおきくなる たしざんのけいさんのしかたを せつめいすることができる。

みさきさんは くりを 8こ, けいこさんは 3こひろいました。
あわせて なんこ ひろったでしょうか。

❶ もんだいぶんに あうように しきをかきましょう。

[し　き]_____

❷ けいさんのしかたを, ブロックをうごかして かんがえましょう。

❸ 10 をつくってから けいさんして こたえを もとめましょう。また, けいさんのしかたをことばでかきましょう。3にんにせつめいし, なっとくしてもらえたら サインをもらいましょう。

[こたえ]_____

[けいさんのしかた]

✏️ともだちのサイン

たしざん2 ②

＿＿＿くみ＿＿＿ばん　なまえ＿＿＿＿＿＿＿＿＿＿

🏁 **ゴール**

ぜんいんが，10をつくってからする，たしざんのけいさんのしかたを せつめいすることができる①。

❶ 9＋5のけいさんのしかたを ことばでかきましょう。3にんにせつめいし，なっとくしてもらえたら サインをもらいましょう。

［けいさんのしかた］

✏️ ともだちのサイン　|　　|　　|　　|

❷ けいさんをしましょう。

(1) 9＋2＝　　　　(2) 8＋8＝　　　　(3) 9＋9＝

(4) 9＋6＝　　　　(5) 8＋9＝　　　　(6) 8＋6＝

(7) 7＋6＝　　　　(8) 6＋5＝

たしざん2 ③

＿＿＿くみ＿＿＿ばん　なまえ＿＿＿＿＿＿＿＿＿＿

🏁 **ゴール**

ぜんいんが，10をつくってからする，たしざんのけいさんのしかたを せつめいすることができる②。

あめが6こあります。あとから8こもらいました。
あめは ぜんぶでなんこに なりましたか。

❶ しきは6＋8になります。6＋8をけいさんするときには，6を10にするよりも 8を10にするほうが けいさんしやすいです。そのりゆうをかきましょう。

❷ 6＋8のけいさんのしかたを ことばでかきましょう。3にんにせつめいし，なっとくしてもらえたら サインをもらいましょう。

［けいさんのしかた］

✏ ともだちのサイン　| | | |
|---|---|---|

❸ けいさんをしましょう。

(1) 3＋9＝☐　　(2) 3＋8＝☐　　(3) 5＋9＝☐

(4) 4＋7＝☐　　(5) 8＋9＝☐　　(6) 7＋9＝☐

(7) 7＋8＝☐　　(8) 5＋7＝☐

たしざん2 ❹

_____くみ_____ばん　なまえ_____

> 🏁 **ゴール**
> ぜんいんが，いろいろなけいさんのしかたを せつめいすることができる。

❶ 6＋7のけいさんのしかたを3とおりかんがえて，ことばや ずで かきましょう。
　3にんにせつめいし，なっとくしてもらえたらサインをもらいましょう。

[けいさんのしかた]

✏ ともだちのサイン　|　|　|　|

❷ けいさんをしましょう。

(1) 6 ＋ 5 ＝ ☐　　(2) 7 ＋ 6 ＝ ☐　　(3) 5 ＋ 8 ＝ ☐

(4) 6 ＋ 6 ＝ ☐　　(5) 7 ＋ 4 ＝ ☐　　(6) 5 ＋ 7 ＝ ☐

(7) 6 ＋ 7 ＝ ☐　　(8) 7 ＋ 7 ＝ ☐　　(9) 5 ＋ 6 ＝ ☐

たしざん2 ⑤

＿＿＿くみ＿＿＿ばん　なまえ＿＿＿＿＿＿＿＿＿＿

🏁 **ゴール**

ぜんいんが，もんだいぶんをよみ，しきをたてて こたえをもとめることができる。

くろいはなが 7 ほんあります。しろいはなが 5 ほんあります。
はなはぜんぶで なんぼんありますか。

❶ しきをかいて こたえをもとめましょう。また，しきのりゆう，けいさんのしかたを
　 かきましょう。3 にんにせつめいし，なっとくしてもらえたら サインをもらいましょう。

　　［し　き］＿＿＿＿＿＿＿＿＿＿＿＿　　　［こたえ］＿＿＿＿＿＿＿＿＿＿＿＿

［しきのりゆう］

［けいさんのしかた］

✏️ ともだちのサイン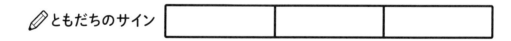

❷ けいさんをしましょう。

(1) $6 + 5 =$ 　　　(2) $7 + 7 =$ 　　　(3) $8 + 5 =$

(4) $3 + 9 =$ 　　　(5) $9 + 4 =$ 　　　(6) $8 + 3 =$

(7) $5 + 9 =$ 　　　(8) $3 + 8 =$ 　　　(9) $8 + 7 =$

たしざん2 ６

＿＿＿＿くみ ＿＿＿＿ばん　なまえ＿＿＿＿＿＿＿＿＿＿

🏁 ゴール
ぜんいんが，たしざんの もんだいを つくることができる。

❶ えをみて，8＋6 のしきになる もんだいを
つくりましょう。

［もんだい］

❷ 8＋6 のしきになる もんだいを，じぶんで かんがえて つくりましょう。
3にんに せつめいし，なっとくしてもらえたら サインをもらいましょう。

［もんだい］

✏️ ともだちのサイン

たしざん2 7

＿＿＿くみ＿＿＿ばん　なまえ＿＿＿＿＿＿＿＿＿＿

🏁 **ゴール**

ぜんいんが、たしざんカードをならべて、かずのかわりかたを せつめいすることができる。

❶ たしざんカードをつくりましょう。

❷ たしざんカードをしたのずのように、じゅんにならべましょう。
※①～④に どのカードをならべるかかんがえてみましょう。

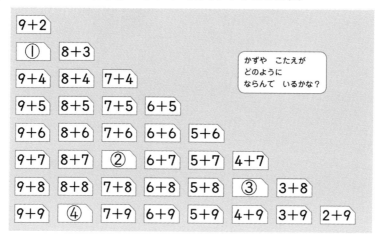

❸ カードをならべて、かずのかわりかたで きづいたことを 3 つ いじょうかきましょう。
かいたものを 3 にんにせつめいし、なっとくしてもらえたら サインをもらいましょう。

［きづいたこと］

✏ ともだちのサイン

❹ カードをつかって、たしざんのこたえをいう れんしゅうをしましょう。

かだい11　かたち１

	めあて（ゴール）	かだい
1	ぜんいんが，ころがるかたちのとくちょうを　せつめいすることができる。	❶ ちいさなさかをつくり，あつめたはこをころがして，ころがるものと　ころがらないものに　わけましょう。 ❷ ころがるかたちと，ころがらないかたちの　とくちょうを　それぞれかきましょう。3にんにせつめいし，なっとくしてもらえたら　サインをもらいましょう。
2	ぜんいんが，たかくつみあげやすい　かたちのとくちょうを　せつめいすることができる。	❶ グループごとに　あつめたはこを，たかくつみあげましょう。 ❷ たかく　つみあげやすいかたちと，つみあげにくいかたちのとくちょうを，それぞれかきましょう。3にんにせつめいし，なっとくしてもらえたら　サインをもらいましょう。 ❸ たかくつむためには，どのように　はこをつんでいくといいか，かんがえてかきましょう。
3	ぜんいんが，はこのとくちょうを　いかして，さくひんを　つくることができる。	❶ はこのとくちょうをいかして　さくひんをつくりましょう。 ❷ どんなはこが　どんなところでつかわれているかをかきましょう。3人にせつめいし，なっとくしてもらえたら　サインをもらいましょう。
4	ぜんいんが，はこを４つのなかまに　わけることができる。	❶ あつめた　はこのかたちをみて，４つのなかまにわけましょう。 ❷ それぞれのなかまの　かたちのとくちょうを　かきましょう。3にんにせつめいし，なっとくしてもらえたら　サインをもらいましょう。
5	ぜんいんが，はこのかたちをつかって，えをかくことができる。	❶ はこのかたちをつかって，すきなえをかきましょう。 ❷ どんなかたちをつかって，えをかいたかをかきましょう。3にんにせつめいし，なっとくしてもらえたら　サインをもらいましょう。

かたち1 １

＿＿＿くみ＿＿＿ばん　なまえ＿＿＿＿＿＿＿＿＿

🏁 **ゴール**

ぜんいんが，ころがるかたちのとくちょうをせつめいすることができる。

❶ ちいさなさかをつくり，あつめた はこをころがして，ころがるものと ころがらないもの に わけましょう。

❷ ころがるかたちと，ころがらないかたちの とくちょうを それぞれかきましょう。3 にんにせつめいし，なっとくしてもらえたら サインをもらいましょう。

［ころがるかたち］

［ころがらないかたち］

✏ ともだちのサイン　|　　　|　　　|　　　|

かたち1 2

_____くみ_____ばん　なまえ_____

🏁 **ゴール**

ぜんいんが，たかくつみあげやすい かたちのとくちょうを せつめいすることができる。

❶ グループごとに あつめたはこを，たかくつみあげましょう。

❷ たかく つみあげやすいかたちと，つみあげにくいかたちのとくちょうを，それぞれかきましょう。3にんにせつめいし，なっとくしてもらえたら サインをもらいましょう。

［たかくつみあげやすい］

［つみあげにくい］

✏️ ともだちのサイン　| | | |
|---|---|---|

❸ たかくつむためには，どのように はこをつんでいくといいか，かんがえてかきましょう。

かたち1 ③

_____くみ_____ばん　なまえ_____

🚩 **ゴール**

ぜんいんが, はこのとくちょうを いかしてさくひんを つくることができる。

❶ はこのとくちょうをいかして
　さくひんをつくりましょう。

❷ どんなはこが どんなところで つかわれているかを かきましょう。3人にせつめいし, なっとくしてもらえたら サインをもらいましょう。

✏️ ともだちのサイン

かたち1 ４

_____くみ_____ばん　なまえ_____

🏁ゴール
ぜんいんが，はこを４つのなかまに わけることができる。

❶ あつめた はこのかたちをみて、４つのなかまにわけましょう。

❷ それぞれのなかまの かたちのとくちょうを かきましょう。
　３にんにせつめいし，なっとくしてもらえたら サインをもらいましょう。

✏️ともだちのサイン

かたち1 5

_____くみ_____ばん　なまえ_____

🚩ゴール

ぜんいんが，はこのかたちをつかって，えをかくことができる。

❶ はこのかたちをつかって，すきなえをかきましょう。

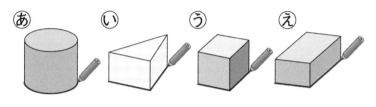

❷ どんなかたちをつかって，えをかいたかをかきましょう。3にんにせつめいし，なっとくしてもらえたら サインをもらいましょう。

✏ともだちのサイン

かだい12 ひきざん2

	めあて（ゴール）	かだい
1	ぜんいんが，10よりおおきいかずからの，ひきざんのけいさんのしかたを，せつめいすることができる。	とりごやに ひよこが13わ いました。8わ こやのそとにでていって しまいました。のこりの ひよこは，なんわでしょうか。 ❶ もんだいぶんに あうように しきをかきましょう。 ❷ けいさんのしかたを，ブロックをうごかして かんがえましょう。 ❸ 13を10と3にわけてから けいさんして，こたえをもとめましょう。また，けいさんのしかたを ことばでかきましょう。3にんにせつめいし，なっとくしてもらえたら サインをもらいましょう。
2	ぜんいんが，10からさきにひく，ひきざんのけいさんのしかたを，せつめいすることができる。	❶ 14－7のけいさんのしかたを ことばでかきましょう。3にんにせつめいし，なっとくしてもらえたら サインをもらいましょう。 ❷ けいさんをしましょう。
3	ぜんいんが，ひくかずをわけてからひく，ひきざんの けいさんのしかたを せつめいすることができる。	❶ 13－4を，ひくかずの4を3と1にわけてから けいさんして，こたえをもとめましょう。また，けいさんのしかたを ことばでかきましょう。 ❷ 11－3を，ひくかずの3を1と2にわけてからけいさんして，こたえをもとめましょう。また，けいさんのしかたを ことばでかきましょう。 ❸ ❶❷のけいさんのしかたを 3にんにせつめいし，なっとくしてもらえたら サインをもらいましょう。 ❹ けいさんをしましょう。
4	ぜんいんが，いろいろなけいさんのしかたを せつめいすることができる。	❶ 14－6のけいさんのしかたを 2とおりかんがえて，ことばでかきましょう。3にんにせつめいし，なっとくしてもらえたら サインをもらいましょう。 ❷ けいさんをしましょう。

5	ぜんいんが、もんだいぶんをよみ、しきをたててこたえをもとめることができる。	めだかが14ひき、きんぎょが6ぴきいます。めだかは、きんぎょより なんびきおおいでしょうか。 ❶ しきをかいて こたえをもとめましょう。また、しきのりゆう、けいさんのしかたを かきましょう。3にんにせつめいし、なっとくしてもらえたら サインをもらいましょう。 ❷ けいさんをしましょう。
6	ぜんいんが、ひきざんのもんだいを つくることができる。	❶ えをみて、14－8のしきになる もんだいをつくりましょう。 ❷ 14－8のしきになるもんだいを、じぶんで かんがえてつくりましょう。3にんにせつめいし、なっとくしてもらえたら サインをもらいましょう。
7	ぜんいんが、ひきざんカードをならべて、かずのかわりかたを せつめいすることができる。	❶ ひきざんカードをつくりましょう。 ❷ ひきざんカードをしたの ずのように、じゅんにならべましょう。 ❸ カードをならべて、かずのかわりかたで きづいたことを 3ついじょう かきましょう。かいたものを3にんにせつめいし、なっとくしてもらえたら サインをもらいましょう。 ❹ ひきざんカードをつかって、こたえをいう れんしゅうをしましょう。

ひきざん2 ①

_____くみ_____ばん　なまえ_____

🏁 **ゴール**

ぜんいんが，10よりおおきいかずからの，ひきざんのけいさんのしかたを，せつめいすることができる。

とりごやに ひよこが 13わ いました。
8わ こやのそとに でていって しまいました。
のこりの ひよこは，なんわでしょうか。

❶ もんだいぶんにあうように しきをかきましょう。

[し　き] _____

❷ けいさんのしかたを，ブロックをうごかして かんがえましょう。

❸ 13を10と3にわけてから けいさんして，こたえを もとめましょう。また，けいさんのしかたを ことばで かきましょう。3にんにせつめいし，なっとくしてもらえたら サインをもらいましょう。

[こたえ] _____

[けいさんのしかた]

✏️ともだちのサイン

ひきざん2 ②

_____くみ_____ばん　なまえ_____

🏁ゴール

ぜんいんが，10からさきにひく，ひきざんのけいさんのしかたを，せつめいすることができる。

❶ 14－7のけいさんのしかたを ことばでかきましょう。3にんにせつめいし，なっとくしてもらえたら サインをもらいましょう。

［けいさんのしかた］

✏️ともだちのサイン　| | | |

❷ けいさんをしましょう。

(1) 14 － 9 = ☐　　(2) 15 － 8 = ☐　　(3) 11 － 8 = ☐

(4) 13 － 9 = ☐　　(5) 12 － 6 = ☐　　(6) 11 － 5 = ☐

(7) 13 － 5 = ☐　　(8) 11 － 6 = ☐

ひきざん2 ③

_____くみ_____ばん　なまえ_____

🏁ゴール
ぜんいんが，ひくかずを わけてからひく，ひきざんの けいさんのしかたを せつめいすることができる。

❶ 13－4を,ひくかずの4を3と1にわけてから けいさんして,こたえをもとめましょう。
　また，けいさんのしかたを ことばでかきましょう。

[けいさんのしかた]

❷ 11－3を,ひくかずの3を1と2にわけてからけいさんして,こたえをもとめましょう。
　また，けいさんのしかたを ことばでかきましょう。

[けいさんのしかた]

❸ ❶❷のけいさんのしかたを3にんにせつめいし，なっとくしてもらえたら サインをもらいましょう。

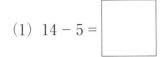　ともだちのサイン

❹ けいさんをしましょう。

(1) 14－5＝　　　(2) 12－4＝　　　(3) 11－2＝

(4) 13－5＝　　　(5) 17－8＝　　　(6) 11－4＝

(7) 15－6＝　　　(8) 16－7＝

ひきざん2 ④

＿＿＿くみ＿＿＿ばん　なまえ＿＿＿＿＿＿＿＿＿

🏁 **ゴール**
ぜんいんが，いろいろなけいさんのしかたを せつめいすることができる。

❶ 14－6 のけいさんのしかたを 2 とおりかんがえて，ことばでかきましょう。3 にんに せつめいし，なっとくしてもらえたら サインをもらいましょう。

［けいさんのしかた］

❷ けいさんをしましょう。

(1) 11 － 9 =

(2) 14 － 8 =

(3) 12 － 8 =

(4) 13 － 8 =

(5) 11 － 7 =

(6) 13 － 6 =

(7) 15 － 7 =

(8) 12 － 7 =

ひきざん2 ５

_____くみ_____ばん　なまえ_____

🏁ゴール
ぜんいんが，もんだいぶんをよみ，しきをたてて こたえをもとめることができる。

めだかが 14 ひき，きんぎょが 6 ぴきいます。
めだかは，きんぎょより なんびきおおいでしょうか。

❶ しきをかいて こたえをもとめましょう。また，しきのりゆう，けいさんのしかたをかきましょう。3 にんにせつめいし，なっとくしてもらえたら サインをもらいましょう。

　　［し　き］_____　　　［こたえ］_____

［しきのりゆう］

［けいさんのしかた］

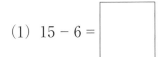　ともだちのサイン ｜　　　｜　　　｜　　　｜

❷ けいさんをしましょう。

(1) $15 - 6 =$　　　(2) $16 - 9 =$　　　(3) $13 - 7 =$

(4) $12 - 3 =$　　　(5) $11 - 2 =$　　　(6) $14 - 8 =$

ひきざん2 ６

_____くみ _____ばん　なまえ_____

🏁ゴール

ぜんいんが，ひきざんのもんだいを つくることができる。

❶ えをみて，14－8のしきになる
もんだいをつくりましょう。

［もんだい］

❷ 14－8のしきになるもんだいを，じぶんで かんがえてつくりましょう。3にんにせつめいし，なっとくしてもらえたら サインをもらいましょう。

［もんだい］

✏ともだちのサイン

ひきざん2 ７

＿＿＿くみ ＿＿＿ばん　なまえ＿＿＿＿＿＿＿＿＿＿

🏁ゴール

ぜんいんが,ひきざんカードをならべて,かずのかわりかたを せつめいすることができる。

❶ ひきざんカードをつくりましょう。

❷ ひきざんカードをしたの ずのように,じゅんにならべましょう。
　※①〜⑤にどのカードをならべるかかんがえてみましょう。

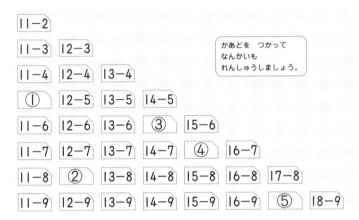

❸ カードをならべて,かずのかわりかたで きづいたことを 3 ついじょう かきましょう。
　かいたものを 3 にんにせつめいし,なっとくしてもらえたら サインをもらいましょう。

［きづいたこと］

✏️ともだちのサイン

❹ ひきざんカードをつかって,こたえをいう れんしゅうをしましょう。

かだい 13　たすのかな ひくのかな

	めあて（ゴール）	かだい
1	ぜんいんが、もんだいぶんをよみ、しきをたてて けいさんをすることができる①。	❶ まきばに こどもがいます。おんなのこは 5 にん、おとこのこは 6 にんです。みんなで なんにんいますか。しきをたてて、こたえをもとめましょう。また、そのしきになった りゆうを かきましょう。 ❷ すずめが 12 わ います。9 わ とんでいくと、のこりはなんわになりますか。しきをたてて、こたえを もとめましょう。また、そのしきになったりゆうを かきましょう。 ❸ ❶❷のしきのりゆうと けいさんのしかたを 3 にんに せつめいし、なっとくしてもらえたら サインをもらいましょう。
2	ぜんいんが、もんだいぶんをよみ、しきをたてて けいさんをすることができる②。	❶ カードあそびをしました。カードとりで、みさきさんは 9 まい、さとるさんは 5 まいとりました。カードはあわせると なんまいになりますか。しきをたてて、こたえをもとめましょう。また、そのしきになったりゆうを かきましょう。 ❷ カードとりで、ゆうじさんは 8 まい、かずえさんは 12 まいとりました。どちらが なんまいおおくとりましたか。しきをたてて、こたえをもとめましょう。また、そのしきのりゆうをかきましょう。 ❸ ❶❷のしきのりゆうと けいさんのしかたを 3 にんに せつめいし、なっとくしてもらえたら サインをもらいましょう。
3	ぜんいんが、なんばんめの けいさんのしかたを、せつめいすることができる。	❶ すすむさんは、まえから 5 ばんめにいます。すすむさんのうしろに 4 にんいます。みんなで なんにんいますか。 （1）ばめんを ずに かきましょう。 （2）しきをたてて、こたえをもとめましょう。 ❷ バスていに 11 にんならんでいます。えみさんは、まえから 6 ばんめにいます。えみさんのうしろに なんにんいますか。 （1）ばめんを ずに かきましょう。 （2）しきをたてて、こたえをもとめましょう。 ❸ ❶❷のしきのりゆうと けいさんのしかたを 3 にんに せつめいし、なっとくしてもらえたら サインをもらいましょう。

4	ぜんいんが，ずに おきかえて かんがえる もんだいの ときかたを，せつめいすることが できる。	❶ 7にんが じてんしゃにのっています。じてんしゃは あと2だい あります。じてんしゃは，ぜんぶでなんだい ありますか。 (1) ばめんを ずに かきましょう。 (2) しきを たてて，こたえを もとめましょう。 ❷ いすが5こあります。8にんで いすとりゲームをします。いすに すわれないひとは なんにんですか。 (1) ばめんを ずに かきましょう。 (2) しきを たてて，こたえを もとめましょう。 ❸ ❶❷のしきのりゆうと けいさんのしかたを 3にんに せつめいし，なっとくしてもらえたら サインをもらいましょう。
5	ぜんいんが，おおい ほうのかずを，ずに かいてもとめ，せつめいすることができる。	❶ かるたとりを しました。あきさんは9まい とりました。けんたさんは，あきさんより4まいおおく とりました。けんたさんはなんまいとりましたか。 (1) ばめんを ずに かきましょう。 (2) しきを たてて，こたえを もとめましょう。 ❷ ねこが7ひき います。いぬは ねこより5ひき おおくいます。いぬは なんびきいますか。 (1) ばめんを ずに かきましょう。 (2) しきをたてて，こたえを もとめましょう。 ❸ ❶❷のしきのりゆうと けいさんのしかたを 3にんに せつめいし，なっとくしてもらえたら サインをもらいましょう。

6	ぜんいんが，すくないほうのかずを，ずにかいてもとめ，せつめいすることができる。	❶ あきかんひろいを しました。しんじさんは，11こひろいました。さとみさんは，しんじさんより 3こすくなくひろいました。さとみさんは なんこひろいましたか。 （1）ばめんを ずに かきましょう。 （2）しきをたてて，こたえを もとめましょう。 ❷ クッキーを 14こ かいました。ケーキは，クッキーより 8こ すくなくかいました。ケーキは なんこ かいましたか。 （1）ばめんを ずに かきましょう。 （2）しきをたてて，こたえを もとめましょう。 ❸ ❶❷のしきのりゆうと けいさんのしかたを 3にんに せつめいし，なっとくしてもらえたら サインをもらいましょう。
7	ぜんいんが，ずに かいて もんだいをとき，しきのいみを せつめいすることが できる。	❶ おみせに ひとが ならんでいます。るみさんの まえに 5にんいます。るみさんの うしろに 3にんいます。ぜんぶで なんにん ならんでいますか。 （1）ばめんを ずに かきましょう。 （2）しきをたてて，こたえを もとめましょう。 ❷ バスていに ひとが ならんでいます。こうたさんの まえに 3にんいます。こうたさんの うしろに 6にんいます。ぜんぶで なんにん ならんでいますか。 （1）ばめんを ずに かきましょう。 （2）しきをたてて，こたえを もとめましょう。 ❸ ❶❷のしきのりゆうと けいさんのしかたを 3にんに せつめいし，なっとくしてもらえたら サインをもらいましょう。

たすのかな ひくのかな 1

＿＿＿くみ＿＿＿ばん　なまえ＿＿＿＿＿＿＿＿＿

🏁ゴール
ぜんいんが，もんだいぶんをよみ，しきをたててけいさんをすることができる①。

❶ まきばに こどもがいます。おんなのこは5にん，おとこのこは6にんです。みんなで なんにんいますか。しきをたてて，こたえをもとめましょう。また，そのしきになった りゆうを かきましょう。

[し　き]＿＿＿＿＿＿＿＿＿＿　　[こたえ]＿＿＿＿＿＿＿＿＿

[しきのりゆう]

❷ すずめが 12わ います。9わ とんでいくと，のこりはなんわになりますか。しきをたてて，こたえを もとめましょう。また，そのしきになったりゆうをかきましょう。

[し　き]＿＿＿＿＿＿＿＿＿＿　　[こたえ]＿＿＿＿＿＿＿＿＿

[しきのりゆう]

❸ ❶❷のしきのりゆうと けいさんのしかたを 3にんに せつめいし，なっとくしてもらえたら サインをもらいましょう。

✏ともだちのサイン

たすのかな ひくのかな 2

＿＿＿くみ＿＿＿ばん　なまえ＿＿＿＿＿＿＿＿

🏁 **ゴール**

ぜんいんが，もんだいぶんをよみ，しきをたてて けいさんをすることができる②。

❶ カードあそびをしました。
　カードとりで，みさきさんは 9 まい，さとるさんは 5 まいとりました。カードはあわせると なんまいになりますか。しきをたてて，こたえをもとめましょう。また，そのしきになったりゆうを かきましょう。

[しき]＿＿＿＿＿＿＿＿＿＿　[こたえ]＿＿＿＿＿＿＿＿＿＿

[しきのりゆう]

❷ カードとりで，ゆうじさんは 8 まい，かずえさんは 12 まいとりました。どちらが なんまいおおくとりましたか。しきをたてて，こたえをもとめましょう。また，そのしきのりゆうをかきましょう。

[しき]＿＿＿＿＿＿＿＿＿＿

[こたえ]＿＿＿＿＿＿＿＿＿＿

[しきのりゆう]

❸ ❶❷のしきのりゆうと けいさんのしかたを 3にんに せつめいし，なっとくしてもらえたら サインをもらいましょう。

✏ ともだちのサイン

たすのかな ひくのかな 3

_____くみ_____ばん　なまえ_____

🏁 **ゴール**

ぜんいんが，なんばんめの けいさんのしかたを，せつめいすることができる。

❶ すすむさんは，まえから5ばんめ
にいます。すすむさんのうしろに
4にんいます。みんなで なんに
んいますか。

(1) ばめんを ずに かきましょう。

(2) しきをたてて，こたえをもとめましょう。

[し　き]_____　[こたえ]_____

❷ バスていに 11にんならんでいます。えみさんは，まえから6ばんめにいます。えみ
さんのうしろに なんにんいますか。

(1) ばめんを ずに かきましょう。

(2) しきをたてて，こたえをもとめましょう。

[し　き]_____　[こたえ]_____

❸ ❶❷のしきのりゆうと けいさんのしかたを 3にんに せつめいし，なっとくしてもらえ
たら サインをもらいましょう。

✏️ ともだちのサイン

たすのかな ひくのかな 4

_____くみ _____ばん なまえ_____

🏁 **ゴール**

ぜんいんが,ずに おきかえて かんがえるもんだいの ときかたを,せつめいすることが できる。

❶ 7にんが じてんしゃに のっています。じてんしゃは あと2だい あります。じてんしゃは,ぜんぶでなんだいありますか。

(1) ばめんを ずに かきましょう。

(2) しきを たてて,こたえを もとめましょう。

[し き]_____ [こたえ]_____

❷ いすが 5こあります。8にんで いすとりゲームをします。いすに すわれないひとは なんにんですか。

(1) ばめんを ずに かきましょう。

(2) しきを たてて,こたえを もとめましょう。

[し き]_____ [こたえ]_____

❸ ❶❷のしきのりゆうと けいさんのしかたを 3にんに せつめいし,なっとくしてもらえたら サインをもらいましょう。

✏ ともだちのサイン

たすのかな ひくのかな 5

_____くみ_____ばん　なまえ_____

🏁 **ゴール**

ぜんいんが，おおいほうのかずを，ずにかいてもとめ，せつめいすることが できる。

❶ かるたとりを しました。あきさんは 9 まい とりました。
けんたさんは，あきさんより 4 まい おおく とりました。
けんたさんは なんまい とりましたか。

(1) ばめんを ずに かきましょう。

(2) しきを たてて，こたえを もとめましょう。

[し　き]_____　[こたえ]_____

❷ ねこが 7ひき います。いぬは ねこより 5ひき おおくいます。
いぬは なんびき いますか。

(1) ばめんを ずに かきましょう。

(2) しきを たてて，こたえを もとめましょう。

[し　き]_____　[こたえ]_____

❸ ❶❷のしきのりゆうと けいさんのしかたを 3にんに せつめいし，なっとくしてもらえたら サインをもらいましょう。

✏ ともだちのサイン

たすのかな ひくのかな 6

_____くみ _____ばん　なまえ_____

🏁 **ゴール**
ぜんいんが, すくないほうの かずを, ずに かいてもとめ, せつめいすることが できる。

❶ あきかんひろいを しました。しんじさんは, 11こ ひろいました。
さとみさんは, しんじさんより 3こ すくなく ひろいました。
さとみさんは なんこ ひろいましたか。

（1）ばめんを ずに かきましょう。

（2）しきをたてて, こたえを もとめましょう。

[しき]_____　[こたえ]_____

❷ クッキーを 14こ かいました。ケーキは, クッキーより
8こ すくなくかいました。ケーキは なんこ かいましたか。

（1）ばめんを ずに かきましょう。

（2）しきをたてて, こたえを もとめましょう。

[しき]_____　[こたえ]_____

❸ ❶❷のしきのりゆうと けいさんのしかたを 3にんに せつめいし, なっとくしてもらえ
たら サインをもらいましょう。

✏️ともだちのサイン

たすのかな ひくのかな 7

＿＿＿くみ＿＿＿ばん なまえ＿＿＿＿＿＿＿＿＿

🏁 **ゴール**

ぜんいんが，ずに かいて もんだいをとき，しきのいみを せつめいすることが できる。

❶ おみせに ひとが ならんでいます。るみさんの まえに 5 にんいます。るみさんの うしろに 3 にんいます。ぜんぶで なんにん ならんでいますか。

(1) ばめんを ずに かきましょう。

(2) しきをたてて，こたえを もとめましょう。

[しき]＿＿＿＿＿＿＿＿＿＿＿＿＿　[こたえ]＿＿＿＿＿＿＿＿＿＿＿＿＿

❷ バスていに ひとが ならんでいます。こうたさんの まえに 3 にんいます。こうたさんの うしろに 6 にんいます。ぜんぶで なんにん ならんでいますか。

(1) ばめんを ずに かきましょう。

(2) しきをたてて，こたえを もとめましょう。

[しき]＿＿＿＿＿＿＿＿＿＿＿＿＿　[こたえ]＿＿＿＿＿＿＿＿＿＿＿＿＿

❸ ❶❷のしきのりゆうと けいさんのしかたを 3にんに せつめいし，なっとくしてもらえたら サインをもらいましょう。

✏ ともだちのサイン

かだい14 おおきいかず2

	めあて（ゴール）	かだい
1	ぜんいんが，おおきいかずの かぞえかたを せつめいすることが できる①。	❶ えんぴつの かずを すうじで かきましょう。 ❷ ❶のえんぴつを どのようにしてかぞえたのか，「十のくらい」「一のくらい」ということばをつかって，かきましょう。3にんに せつめいし，なっとくしてもらえたら サインをもらいましょう。 ❸ ブロックのかずを すうじで かきましょう。
2	ぜんいんが，おおきいかずの かぞえかたを せつめいすることが できる②。	❶ かずを すうじで かきましょう。 ❷ おおきいかずは 10のまとまりを つくると，かぞえやすくなります。そのりゆうを「十のくらい」，「一のくらい」という ことばをつかって かきましょう。3にんにせつめいし，なっとくしてもらえたら サインをもらいましょう。
3	ぜんいんが，かずのしくみを せつめいすることが できる。	❶ ブロックをみて，かずを すうじで かきましょう。また，かずのしくみを 2とおりの いいかたで かきましょう。3にんに せつめいし，なっとくしてもらえたら サインをもらいましょう。 ❷ （　　）にかずをかきましょう。
4	ぜんいんが，100というかずや，かずのならびかたを せつめいすることができる。	❶ ブロックのかずをかぞえてかきましょう。 ❷ 「100」はどんなかずでしょうか。2とおりのいいかたで，せつめいをかきましょう。 ❸ かずがならんでいます。 　（1）（あ）〜（う）のかずをかきましょう。 　（2）ひょうをみて，かずのならびかたのきまりを3つみつけてかきましょう。3にんにせつめいし，なっとくしてもらえたら サインをもらいましょう。

5	ぜんいんが，かずのならびかたや，おおきさの くらべかたを せつめいすることが できる。	❶ （　　）にあてはまるかずをかきましょう。 ❷ つぎの2つのかずを くらべましょう。おおきいほうのかずをえらんで，したの（　　）に○をつけましょう。おおきさの くらべかたを3にんにせつめいし，なっとくしてもらえたら サインをもらいましょう。
6	ぜんいんが，100より おおきいかずを かぞえて，すうじでの かきかたを せつめいすることが できる。	❶ ブロックはいくつあるでしょうか。かずを すうじでかきましょう。また，なぜ そのように かくことができるかの せつめいを かきましょう。 ❷ おりがみは なんまいあるでしょうか。かずを すうじで かきましょう。また，なぜ そのようにかくことができるかの せつめいを かきましょう。3にんにせつめいし，なっとくしてもらえたら サインをもらいましょう。 ❸ （　　）に あてはまるかずを かきましょう。
7	ぜんいんが，（なん十）＋（なん十）のけいさんのしかたを せつめいすることが できる。	おりがみが40まいあります。40まいもらいました。ぜんぶでなんまいあるでしょうか。 ❶ しきに あらわしましょう。 ❷ ブロックをつかって，こたえを たしかめましょう。 ❸ ❶のしきのけいさんのしかたを かきましょう。ただし，「10のまとまり」「4＋4」ということばを つかいましょう。3にんに せつめいし，なっとくしてもらえたら サインをもらいましょう。 ❹ けいさんを しましょう。

8	ぜんいんが,（なん十）－（なん十）のけいさんのしかたを せつめいすることが できる。	おりがみが70まいあります。30まい つかいました。のこりは なんまいあるでしょうか。 ❶ しきにあらわしましょう。 ❷ ブロックをつかって，こたえを たしかめましょう。 ❸ ❶の しきの けいさんの しかたを かきましょう。ただし，「10のまとまり」「7－3」ということばを つかいましょう。3にんにせつめいし，なっとくしてもらえたら サインをもらいましょう。 ❹ けいさんを しましょう。
9	ぜんいんが,（2けた）＋（1けた）の けいさんのしかたを せつめいすることが できる。	32＋5のけいさんのしかたを かんがえます。 ❶ ブロックをつかって こたえを たしかめましょう。 ❷ 32＋5のけいさんの しかたを かきましょう。ただし，「十のくらい」「一のくらい」ということばをつかいましょう。3にんにせつめいし，なっとくしてもらえたら サインをもらいましょう。 ❸ けいさんを しましょう。
10	ぜんいんが,（2けた）－（1けた）のけいさんのしかたを せつめいすることが できる。	48－4のけいさんのしかたをかんがえます。 ❶ ブロックをつかって こたえを たしかめましょう。 ❷ 48－4のけいさんの しかたを かきましょう。ただし，「十のくらい」「一のくらい」ということばを つかいましょう。3にんにせつめいし，なっとくしてもらえたら サインをもらいましょう。 ❸ けいさんを しましょう。

おおきいかず2 ①

_____くみ_____ばん　なまえ_____

🏁ゴール
ぜんいんが，おおきいかずの かぞえかたを せつめいすることが できる①。

❶ えんぴつの かずを すうじで かきましょう。

(1)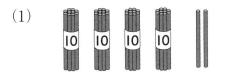

_____ ほん

(2)

_____ ほん

❷ ❶のえんぴつを どのようにしてかぞえたのか，「十のくらい」「一のくらい」という ことばをつかって，かきましょう。3にんに せつめいし，なっとくしてもらえたら サインをもらいましょう。

✏️ともだちのサイン　| 　　　　 | 　　　　 | 　　　　 |

❸ ブロックのかずを すうじで かきましょう。

(1)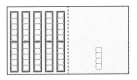

_____ こ

(2)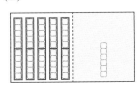

_____ こ

(3)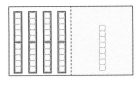

_____ こ

(4)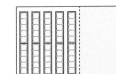

_____ こ

107

おおきいかず2 ②

＿＿＿くみ ＿＿＿ばん　なまえ＿＿＿＿＿＿＿＿＿＿

🏁 **ゴール**

ぜんいんが，おおきいかずの かぞえかたを せつめいすることが できる②。

❶ かずを すうじで かきましょう。

(1)

＿＿＿＿＿＿＿＿＿＿ まい

(2)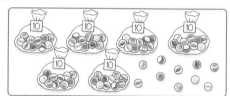

＿＿＿＿＿＿＿＿＿＿ こ

(3)

＿＿＿＿＿＿＿＿＿＿ こ

(4)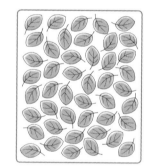

＿＿＿＿＿＿＿＿＿＿ まい

❷ おおきいかずは 10のまとまりを つくると,かぞえやすくなります。そのりゆうを「十のくらい」,「一のくらい」という ことばを つかって かきましょう。3にんにせつめいし,なっとくしてもらえたら サインをもらいましょう。

✏ ともだちのサイン　| 　　　 | 　　　 | 　　　 |

おおきいかず2 ③

＿＿＿くみ＿＿＿ばん　なまえ＿＿＿＿＿＿＿＿＿＿

ゴール

ぜんいんが，かずのしくみを せつめいすることが できる。

❶ ブロックをみて，かずを すうじで かきましょう。また，かずのしくみを2とおりのいいかたでかきましょう。3にんに せつめいし，なっとくしてもらえたら サインをもらいましょう。

(1) （　　　　　　　　　　）　　(2) （　　　　　　　　　　　　）

[かずのしくみ]

✏ともだちのサイン

❷ （　　　）にかずをかきましょう。

(1) 10が8こで （　　　　　　　　）

(2) 60は10が （　　　　　　　　） こ

(3) 十のくらいが4，一のくらいが7のかずは （　　　　　　　　）

(4) 90の十のくらいのすうじは （　　　　　　　　），

　　一のくらいのすうじは （　　　　　　　　）

おおきいかず2 ４

_____くみ _____ばん　なまえ_____

🏁 ゴール

ぜんいんが，100というかずや，かずの ならびかたを せつめいすることができる。

❶ ブロックのかずをかぞえてかきましょう。

ブロックのかず _____ こ

❷ 「100」はどんなかずでしょうか。2とおりのいいかたで，せつめいをかきましょう。

(　　　　　　　　　　　)　(　　　　　　　　　　　　　　　)

❸ かずがならんでいます。

```
60 61 62 63 64 65 66 67 あ 69
70 71 72 73 74 75 76 77 78 79
80 81 82 83 84 85 86 87 88 89
90 91 92 い 94 95 96 97 98 99
う
```

(1) (あ)～(う) のかずをかきましょう。

(あ)(　　　　)　(い)(　　　　　)　(う)(　　　　　)

(2) ひょうをみて，かずのならびかたのきまりを3つみつけてかきましょう。3にんにせつめいし，なっとくしてもらえたら サインをもらいましょう。

✏ ともだちのサイン

おおきいかず2 5

＿＿＿くみ＿＿＿ばん　なまえ＿＿＿＿＿＿＿＿＿＿

🏁 **ゴール**

ぜんいんが，かずの ならびかたや，おおきさの くらべかたを せつめいすることが できる。

❶ （　　　）に あてはまるかずを かきましょう。

(1) 43 より 4 おおきいかずは（　　　　　　　）

(2) 96 より 3 ちいさいかずは（　　　　　　　）

(3) 71 より 5 ちいさいかずは（　　　　　　　）

(4) 85 － 86 －（　　　　　　）－ 88 － 89 －（　　　　　　　）

(5) （　　　　　　）－ 60 － 70 － 80 －（　　　　　　　）－ 100

(6) 45 － 50 －（　　　　　　）－ 60 － 65 －（　　　　　　　）

(7) （　　　　　　）－ 98 －（　　　　　　　）－ 96 － 95 － 94

❷ つぎの 2 つのかずを くらべましょう。おおきいほうの かずを えらんで，したの（　　　）に○をつけましょう。おおきさの くらべかたを 3 にんにせつめいし，なっとくしてもらえたら サインをもらいましょう。

(1) | 69 | | 73 |
　　（　　　）（　　　　）

(2) | 50 | | 48 |
　　（　　　）（　　　　）

(3) | 78 | | 87 |
　　（　　　）（　　　　）

✏️ ともだちのサイン ｜　　　｜　　　｜　　　｜

おおきいかず2 6

＿＿＿くみ＿＿＿ばん　なまえ＿＿＿＿＿＿＿＿＿＿

🏁 **ゴール**

ぜんいんが，100より おおきい かずを かぞえて，すうじでの かきかたを せつめいすることが できる。

❶ ブロックはいくつあるでしょうか。かずを すうじで かきましょう。また，なぜ そのように かくことができるかの せつめいを かきましょう。

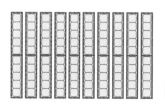

［せつめい］

＿＿＿＿＿＿＿＿＿＿＿＿＿＿＿＿＿こ

❷ おりがみは なんまいあるでしょうか。かずを すうじで かきましょう。また，なぜ そのように かくことができるかの せつめいを かきましょう。3にんにせつめいし，なっとくしてもらえたら サインをもらいましょう。

［せつめい］

＿＿＿＿＿＿＿＿＿＿＿＿＿＿＿＿＿まい

✏ ともだちのサイン　| | | |

❸ (　　)にあてはまるかずを かきましょう。

(1) 99 － (　　　　　) － 101 － 102 － (　　　　　) － 104

(2) 107 － (　　　　　) － 109 － (　　　　　) － 111 － 112

(3) (　　　　　) － 120 － 121 － 122 － (　　　　　) － 124

おおきいかず2 ７

＿＿＿くみ＿＿＿ばん　なまえ＿＿＿＿＿＿＿＿＿

🏁 **ゴール**

ぜんいんが,（なん十）＋（なん十）の けいさんの しかたを せつめいすることが できる。

おりがみが 40 まい あります。
40 まい もらいました。
ぜんぶで なんまい あるでしょうか。

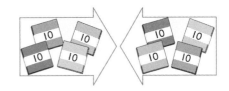

❶ しきに あらわしましょう。

　　　　　　　　　　　[し　き]＿＿＿＿＿＿＿＿＿＿

❷ ブロックを つかって, こたえを たしかめましょう。

　　　　　　　　　　　[こたえ]＿＿＿＿＿＿＿＿＿＿

❸ ❶のしきの けいさんのしかたを かきましょう。ただし,「10のまとまり」「4＋4」ということばを つかいましょう。3にんに せつめいし, なっとくしてもらえたら サインを もらいましょう。

🖉 ともだちのサイン　| | | |

❹ けいさんを しましょう。

(1)　40 ＋ 20 ＝

(2)　30 ＋ 50 ＝

(3)　10 ＋ 70 ＝

(4)　80 ＋ 20 ＝

おおきいかず2 8

_____くみ_____ばん　なまえ_____

🏁**ゴール**
ぜんいんが,(なん十)−(なん十)の けいさんの しかたを せつめいすることが できる。

おりがみが 70 まい あります。
30 まい つかいました。
のこりは なんまい あるでしょうか。

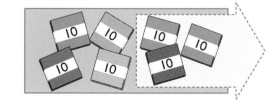

❶ しきに あらわしましょう。

[しき]_____

❷ ブロックをつかって, こたえを たしかめましょう。

[こたえ]_____

❸ ❶の しきの けいさんの しかたを かきましょう。ただし,「10のまとまり」「7−3」
ということばを つかいましょう。3にんにせつめいし, なっとくしてもらえたら サイン
をもらいましょう。

✏️ともだちのサイン　| | | |

❹ けいさんを しましょう。

(1) 50 − 30 =

(2) 90 − 20 =

(3) 70 − 40 =

(4) 100 − 80 =

おおきいかず2 9

_____くみ_____ばん　なまえ_____

🏁ゴール
ぜんいんが, (2けた) + (1けた) の けいさんのしかたを せつめいすることが できる。

32 + 5 の けいさんのしかたを かんがえます。

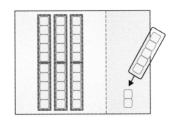

❶ ブロックをつかって こたえを たしかめましょう。

　　　　　　　　　　　　［こたえ］_____

❷ 32 + 5 の けいさんの しかたを かきましょう。ただし, 「十のくらい」「一のくらい」ということばを つかいましょう。3にんにせつめいし, なっとくしてもらえたら サインをもらいましょう。

✏️ともだちのサイン　|　　　|　　　|　　　|

❸ けいさんを しましょう。

(1) 26 + 2 = 　　　　　　　(2) 94 + 3 =

(3) 65 + 4 = 　　　　　　　(4) 71 + 8 =

おおきいかず2 ⑩

＿＿＿くみ＿＿＿ばん なまえ＿＿＿＿＿＿＿＿＿＿

🏁ゴール

ぜんいんが,(2けた)－(1けた)の けいさんの しかたを せつめいすることが できる。

48－4の けいさんのしかたを かんがえます。

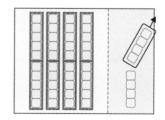

❶ ブロックを つかってこたえを たしかめましょう。

［こたえ］＿＿＿＿＿＿＿＿＿

❷ 48－4のけいさんの しかたを かきましょう。ただし,「十のくらい」「一のくらい」ということばを つかいましょう。3にんにせつめいし,なっとくしてもらえたら サインをもらいましょう。

✏️ともだちのサイン | | | |
|---|---|---|

❸ けいさんをしましょう。

(1) 28 － 2 =

(2) 97 － 3 =

(3) 59 － 7 =

(4) 38 － 5 =

かだい 15 とけい 2

	めあて（ゴール）	課題
1	ぜんいんが、とけいの よみかたを せつめいする ことが できる。	❶ じこくは、8 じ 10 ぷんと よむことが できます。その りゆうを かきましょう。 ❷ じこくは、なんじ なんぷんか、かんがえて かきましょう。とけいのよみかたと、かぞえかたのくふうを 3 にんに せつめいし、なっとくしてもらえたら サインを もらいましょう。 ❸ とけいが あらわしている じこくを せんでむすびましょう。
2	ぜんいんが、じこくを とけいの もけいで あらわすことが できる。	❶ 10 じ 40 ぷん、3 じ 26 ぷんになるように、とけいの ながいはりを かきましょう。 ❷ じぶんの せいかつを、じこくをいれて、4 つのぶんで かきましょう。また、それぞれの じこくにあうよう、とけいの ながい はりと みじかい はりを かきましょう。3 にんに せつめいし、なっとくしてもらえたら サインをもらいましょう。

とけい2 ①

＿＿＿くみ＿＿＿ばん　なまえ＿＿＿＿＿＿＿＿＿

🏁 **ゴール**
ぜんいんが，とけいの よみかたを せつめいすることが できる。

❶ じこくは，8じ 10 ぷんと よむことが できます。
そのりゆうを かきましょう。

[りゆう]

❷ じこくは，なんじ なんぷんか，かんがえて かきましょう。とけいのよみかたと，かぞえかたのくふうを 3にんに せつめいし，なっとくしてもらえたら サインをもらいましょう。

(1)　　　　　　　(2)　　　　　　　(3)

(　　　　　　)　(　　　　　　)　(　　　　　　)

✏ ともだちのサイン

❸ とけいが あらわしている じこくを せんでむすびましょう。

(1)　　(2)　　(3)　　(4)

1じ55ふん　　9じ5ふん　　5:33　　2:50

とけい2 2

＿＿＿くみ＿＿＿ばん　なまえ＿＿＿＿＿＿＿＿＿＿

ゴール

ぜんいんが，じこくを とけいの もけいで あらわすことが できる。

❶ 10じ40ぷん，3じ26ぷんになるように，とけいのながいはりをかきましょう。

(1) 　　　　(2)

❷ じぶんの せいかつを，じこくをいれて，4つのぶんで かきましょう。また，それぞれの じこくにあうよう，とけいの ながい はりと みじかい はりを かきましょう。3にんに せつめいし，なっとくしてもらえたら サインをもらいましょう。

(1)

(2)

(3)

(4)

ともだちのサイン

かだい 16　かたち 2

	めあて（ゴール）	かだい
1	ぜんいんが，さんかくの いろいたを つかって，いろいろなかたちを つくることができる①。	❶ さんかくのいろいたを ならべて，いろいろなかたちを つくりましょう。できたかたちと，いろいたをなんまいつかったかをかきましょう。 ❷ いろいたを がようしにのせて，さくひんを つくりましょう。3にんに しょうかいして，サインをもらいましょう。
2	ぜんいんが，さんかくの いろいたを つかって，いろいろなかたちを つくることができる②。	❶ いろいたをならべて，(1)〜(3)のかたちを つくりましょう。また，いろいたなんまいで できているかをかきましょう。 ❷ したのかたちは，6まいの いろいたを ならべてできたかたちです。どのように ならべたか わかるように，せんを かきましょう。ならべかたを3にんにせつめいし，なっとくしてもらえたら サインをもらいましょう。
3	ぜんいんが，かぞえぼうや，てんと せんをつかい，いろいろなかたちを つくることが できる。	❶ かぞえぼうをならべて，いろいろなかたちを つくりましょう。かぞえぼうを なんぼんつかって，なにが できたかを かきましょう。 ❷ てんと てんを せんで つないで，いろいろなかたちを つくりましょう。 ❸ ❶❷で つくったかたちを3にんにしょうかいし，サインを もらいましょう。

かたち2 １

🏁ゴール
ぜんいんが,さんかくのいろいたを つかって,いろいろなかたちを つくることができる①。

❶ さんかくのいろいたを ならべて,いろいろなかたちを つくりましょう。できたかたちと,いろいたを なんまいつかったかをかきましょう。

❷ いろいたを がようしにのせて, さくひんを つくりましょう。3にんに しょうかいして,サインをもらいましょう。

✏️ともだちのサイン | | | |

かたち2 ②

____くみ____ばん　なまえ_____

🏁ゴール
ぜんいんが,さんかくのいろいたを つかって,いろいろなかたちを つくることができる②。

❶ いろいたをならべて,（1）〜（3）のかたちを つくりましょう。また、いろいたなんまいで できているかをかきましょう。

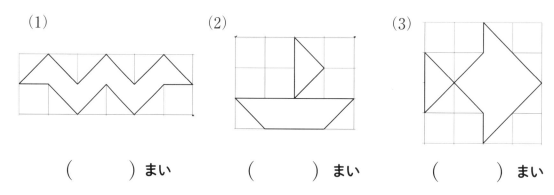

(1) (　　) まい　　(2) (　　) まい　　(3) (　　) まい

❷ したのかたちは, 6まいの いろいたを ならべてできたかたちです。どのように ならべたか わかるように,せんを かきましょう。ならべかたを3にんにせつめいし,なっとくしてもらえたら サインをもらいましょう。

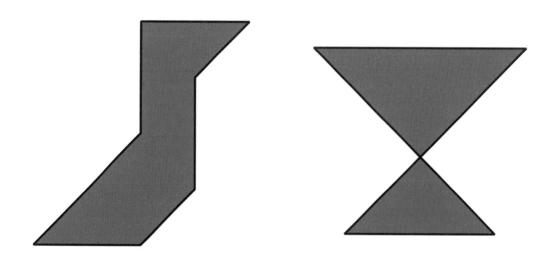

✏️ともだちのサイン　| | | |

かたち2 ③

_____くみ_____ばん　なまえ_____

🚩ゴール

ぜんいんが,かぞえぼうや,てんと せんをつかい,いろいろなかたちを つくることが できる。

❶ かぞえぼうをならべて, いろいろなかたちを つくりましょう。かぞえぼうを なんぼん つかって, なにが できたかを かきましょう。

❷ てんと てんを せんで つないで, いろいろなかたちを つくりましょう。

❸ ❶❷で つくったかたちを 3にんにしょうかいし, サインを もらいましょう。

✏️ともだちのサイン

Part 2
『学び合い』を成功させる
課題プリント・解答集

かだい1	10までのかず	126-127
かだい2	なんばんめ	127-128
かだい3	いくつといくつ	128-129
かだい4	たしざん1	129-130
かだい5	ひきざん1	130-132
かだい6	10よりおおきいかず	132-134
かだい7	とけい1	134
かだい8	おおきさくらべ	134-136
かだい9	3つのかずのけいさん	136
かだい10	たしざん2	136-138
かだい11	かたち1	138-139
かだい12	ひきざん2	139-141
かだい13	たすのかなひくのかな	141-143
かだい14	おおきいかず2	143-145
かだい15	とけい2	145-146
かだい16	かたち2	146

答え

10までのかず 1

___くみ ___ばん なまえ_____

🏁 ゴール
ぜんいんが，おなじなかまをみつけ，おはなしを つくることができる。

❶ さるの なかまをあかい○でかこみましょう。

❷ いぬの なかまをあかい○でかこみましょう。

❸ ちゅうりっぷの なかまをあかい○でかこみましょう。

❹ えをみて，「○○のなかまが〜しています。」という おはなしを つくりましょう。
3にんにきいてもらい，サインをもらいましょう。

✏ ともだちのサイン

10までのかず 2

___くみ ___ばん なまえ_____

🏁 ゴール
ぜんいんが，どちらがおおいか くらべることができる。

2つのもののかずをくらべるときには，ものをせんでむすんだり，ブロックをおいたりして
くらべることができます。

❶ ぞうと ぼうしの かずをくらべ，おおいほうに○をつけましょう。

(   )
(○)

❷ ペンギンと のりものの かずをくらべ，おおいほうに○をつけましょう。

(○)
(   )

❸ えをみて，いぬと こやのかずをくらべ，おおいほうに○をつけましょう。
どのようにして くらべることができたか，3にんにせつめいし，なっとくしてもらえたら
サインをもらいましょう。

(   )
(○)

(れい)
・いぬとこやを せんで むすんでく
  らべた。
・いぬとこやに ちがいろの ブロッ
  クをおいてくらべた。

✏ ともだちのサイン

10までのかず 3

___くみ ___ばん なまえ_____

🏁 ゴール
ぜんいんが，1から5までのかずをかぞえ，かくことができる。

❶ えをみて，おなじかずを せんでむすびましょう。

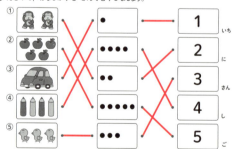

❷ えをみて，おなじかずだけ，○にいろをぬり，かずを すうじでかきましょう。

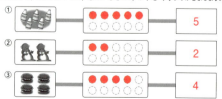

① 5
② 2
③ 4

❸ ❷で○をぬったかずと，かいたすうじを，3にんにかくにんしてもらい，ただしかった
ら サインをもらいましょう。

✏ ともだちのサイン

10までのかず 4

___くみ ___ばん なまえ_____

🏁 ゴール
ぜんいんが，6から10までのかずをかぞえ，かくことができる。

❶ えをみて，おなじかずを せんでむすびましょう。

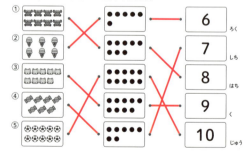

❷ えをみて，おなじかずだけ，○にいろをぬり，かずを すうじでかきましょう。

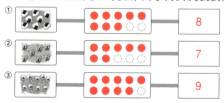

① 8
② 7
③ 9

❸ ❷で○をぬったかずと，かいたすうじを，3にんにかくにんしてもらい，ただしかった
ら サインをもらいましょう。

✏ ともだちのサイン

10までのかず 5

_____くみ_____ばん なまえ_____

🏁 ゴール
ぜんいんが、0のいみをせつめいし、つかうことができる。

❶ ①から③のえをみて、ばななの かずを すうじでかきましょう。

① 2　② 1　③ 0

❷ ③のばななの かずは、「0」ということができます。「0」のいみを 3にんにせつめいし、なっとくしてもらえたら サインをもらいましょう。

（れい）なんにもない ということを あらわしている。

✏ ともだちのサイン ｜　　｜　　｜　　｜

❸ ④から⑦のえをみて、わなげの ぼうに はいった わっかのかずを、すうじでかきましょう。

④ 3　⑤ 1　⑥ 0　⑦ 2

10までのかず 6

_____くみ_____ばん なまえ_____

🏁 ゴール
ぜんいんが、かずをくらべて、どちらがおおきいか いうことができる。

❶ すうじカードをつかって、ふたりぐみで、かずの おおきさくらべゲームをしましょう。
【かずのおおきさくらべゲーム】
(1) 1～10のすうじカードをようい し、よくまぜあわせる。
(2) ふたりで、どうじにカードをだし、おおきいカードをだしたほうがかち。
(3) 1かいごとにかったら ひょうに ○、まけたら×をかく。
(4) カードがなくなるまで、10かいせんゲームをする。
(5) かった かいすうの ごうけいを くらべる。

かいせん たたかったあいて	1	2	3	4	5	6	7	8	9	10

❷ すうじカードをつかって、グループで、かずの おおきさくらべゲームをしましょう。
【カードめくりゲーム】
(1) 1～10のすうじカードをようい し、うらにして、よくかきまわしておく。
(2) ひとりずつ じゅんばんにカードをめくり、いちばんおおきいカードをめくったひとが かち。かったひとは おはじきを 1つもらう。
(3) カードをもどし、うらにして、よくかきまわして、10かいせんゲームをする。
(4) 10かいせんおわったときに、おはじきを なんこもっているかをくらべる。

❸ かずの おおきいほうに ○をつけましょう。

① ●●●●● (○)　　② 8 ( )
　●●●●●　　　　　　10 (○)
　●●●●

10までのかず 7

_____くみ_____ばん なまえ_____

🏁 ゴール
ぜんいんが、かずのじゅんばんを ただしくいうことができる。

❶ すうじカードをつかって、ふたりぐみでカードならべをしましょう。
【カードならべ】
(1) 1～10のすうじカードをようい し、うらにして、よくかきまわしておく。
(2) ひとりずつカードをめくり、0から10のじゅんばんになるように ならべる。

❷ すうじカードをちいさいじゅんにならべ、すうじのかずのぶん ブロックをつみましょう。たとえば 1のカードのうえにはブロックを 1こつみます。きづいたことを 3にんにせつめいし、なっとくしてもらえたら サインをもらいましょう。

（れい）・かずが おおきくなると ブロックも たかくなっている。
　　　・じゅんばんに おなじたかさずつ ブロックがたかくなっている。

✏ ともだちのサイン ｜　　｜　　｜　　｜

❸ かずの じゅんばんになるように、□にあてはまるかずを かきましょう。

1　2　3　4

5　6　7　8　9　10

4　5　6　7　8

なんばんめ 1

_____くみ_____ばん なまえ_____

🏁 ゴール
ぜんいんが、かずやじゅんばんをかぞえたり、もののいちをいったりすることができる。

❶ えをみて もんだいに こたえましょう。

(1) どうぶつは なんひき いますか。
　　　　　　　(5) ひき

(2) うえから 2ばんめの どうぶつは なんですか。
　　　　　　　(りす)

(3) ふくろうは したから なんばんめに いますか。
　　　　　　　(3) ばんめ

❷ えをみて もんだいに こたえましょう。

(1) くだものは いくつ ありますか。　　(6) こ
(2) みぎから 4ばんめの くだものは なんですか。(いちご)
(3) りんごは ひだりから なんばんめに ありますか。(5) ばんめ

❸ ❶❷のこたえを 3にんに せつめいし、なっとくしてもらえたら サインをもらいましょう。

✏ ともだちのサイン ｜　　｜　　｜　　｜

答え

なんばんめ ②

___くみ ___ばん なまえ___

🏁 ゴール
ぜんいんが，〜ひきと〜ひきめ，〜だいと〜だいめのちがいをせつめいすることができる。

❶ まえから 4ひきのどうぶつを ○でかこみましょう。

❷ まえから 4ひきめのどうぶつを ○でかこみましょう。

❸ まえから 5だいのくるまを ○でかこみましょう。

❹ うしろから 4だいめのくるまを ○でかこみましょう。

❺ 「〜ひき，〜だい」ときかれているときと「〜ひきめ，〜だいめ」ときかれているときのいみのちがいを 3にんに せつめいし，なっとくしてもらえたら サインをもらいましょう。

（れい）まえから4ひきときかれているときは、いちばんまえから4ひきまでのすべてのことだけど、まえから4ひきめときかれているときは、4ひきめのものだけになる。

✏ ともだちのサイン

いくつといくつ ①

___くみ ___ばん なまえ___

🏁 ゴール
ぜんいんが，5，6はいくつといくつでできるかをいうことができる。

❶ たまの かずをみて，5は いくつといくつで できるかを かんがえます。（　）と，あいている□に かずを かきましょう。

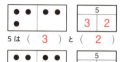   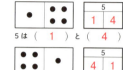

5は（ 3 ）と（ 2 ）   5は（ 1 ）と（ 4 ）

5は（ 2 ）と（ 3 ）   5は（ 4 ）と（ 1 ）

❷ たまの かずをみて，6は いくつといくつで できるかを かんがえます。（　）と，あいている□に かずを かきましょう。

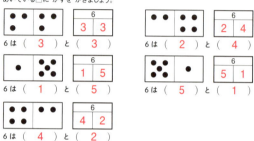

6は（ 3 ）と（ 3 ）   6は（ 2 ）と（ 4 ）

6は（ 1 ）と（ 5 ）   6は（ 5 ）と（ 1 ）

6は（ 4 ）と（ 2 ）

❸ 5は いくつといくつで できるかを，かみをみないで いえるように れんしゅうしましょう。3にんに きいてもらい，あっていたら サインをもらいましょう。

✏ ともだちのサイン

いくつといくつ ②

___くみ ___ばん なまえ___

🏁 ゴール
ぜんいんが，7，8，9はいくつといくつで できるかを いうことができる。

❶ たまの かずをみて，7は いくつといくつで できるかを かんがえます。あいている □に かずをかきましょう。ほかにも，7になるかずのくみあわせを かきましょう。

○○●●●●● ｜ 7 ｜ 2 ｜ 5 ｜   ○○○●●●● ｜ 7 ｜ 3 ｜ 4 ｜

○○○○●●● ｜ 7 ｜ 4 ｜ 3 ｜

【ほかの 7になるくみあわせ】

｜ 7 ｜ 1 ｜ 6 ｜   ｜ 7 ｜ 5 ｜ 2 ｜   ｜ 7 ｜ 6 ｜ 1 ｜

❷ たまの かずをみて，8は いくつといくつで できるかを かんがえます。あいている □に かずをかきましょう。ほかにも，8になるかずのくみあわせを かきましょう。

○○○●●●●● ｜ 8 ｜ 3 ｜ 5 ｜   ●●●●●●○○ ｜ 8 ｜ 2 ｜ 6 ｜

○○○○○●●● ｜ 8 ｜ 5 ｜ 3 ｜   ○○○○●●●● ｜ 8 ｜ 4 ｜ 4 ｜

【ほかの 8になるくみあわせ】

｜ 8 ｜ 1 ｜ 7 ｜   ｜ 8 ｜ 6 ｜ 2 ｜   ｜ 8 ｜ 7 ｜ 1 ｜

❸ 9は いくつといくつで できるかをかんがえて，1〜8のすうじを せんで つなぎましょう。

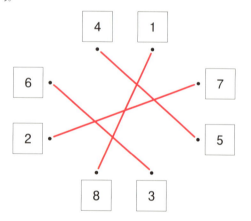

❹ 9は いくつといくつで できるかを，すべてかきましょう。9は いくつといくつで できるかを 3人に きいてもらい，あっていたら サインをもらいましょう。

｜ 9 ｜ 1 ｜ 8 ｜ ｜ 9 ｜ 2 ｜ 7 ｜ ｜ 9 ｜ 3 ｜ 6 ｜ ｜ 9 ｜ 4 ｜ 5 ｜

｜ 9 ｜ 5 ｜ 4 ｜ ｜ 9 ｜ 6 ｜ 3 ｜ ｜ 9 ｜ 7 ｜ 2 ｜ ｜ 9 ｜ 8 ｜ 1 ｜

✏ ともだちのサイン

いくつといくつ 3

_____ くみ _____ ばん _____ なまえ _____

🏁 ゴール
ぜんいんが, 10 はいくつといくつで できるかをいうことができる。

❶ 10 このブロックを ならべました。10 は いくつといくつで できるかを かきましょう。

☐☐☐☐☐☐☐☐☐ ☐	(9) と (1)	10 / 9 1
☐☐☐☐☐☐☐☐ ☐☐	(8) と (2)	10 / 8 2
☐☐☐☐☐☐☐ ☐☐☐	(7) と (3)	10 / 7 3
☐☐☐☐☐☐ ☐☐☐☐	(6) と (4)	10 / 6 4
☐☐☐☐☐ ☐☐☐☐☐	(5) と (5)	10 / 5 5
☐☐☐☐ ☐☐☐☐☐☐	(4) と (6)	10 / 4 6
☐☐☐ ☐☐☐☐☐☐☐	(3) と (7)	10 / 3 7
☐☐ ☐☐☐☐☐☐☐☐	(2) と (8)	10 / 2 8
☐ ☐☐☐☐☐☐☐☐☐	(1) と (9)	10 / 1 9

❷ 10 は いくつといくつで できるかを,かみをみないでいえるように れんしゅう しましょう。3 人に きいてもらい, あっていたら サインをもらいましょう。

✏ ともだちのサイン _____ _____ _____

たしざん1 ①

_____ くみ _____ ばん _____ なまえ _____

🏁 ゴール
ぜんいんが,「あわせて」というときに たしざんになり,＋と＝をつかって しきにする ことができる。

❶ えをみて,（ ）にあてはまるかずをかき,おはなしを つくりましょう。

あめが (2) こあります。　あめが (1) こあります。　あめは, あわせて (3) です。

❷ えをみて, おはなしをつくり, かきましょう。あわせていくつになるかは, ブロックなど をおいて たしかめましょう。

[おはなし]
（れい）ボールが 1 こあります。
ボールが 3 こあります。
ボールはあわせて 4 こです。

❸ ❷でつくったおはなしを, ＋と＝をつかって しきにしましょう。
　　　　　　　　　　　　　　　　　　　　　　[しき]　1 ＋ 3 ＝ 4

❹ あわせて 4 になる,たしざんのおはなしと しきをかきましょう。3 にんに せつめいして, なっとくしてもらえたら サインをもらいましょう。

[おはなし]
（れい）ぼくは, あかいビーだまを 2 こもっています。あおいビーだまを 2 こもっています。ビーだまはあわせて 4 こです。

[しき]　2 ＋ 2 ＝ 4

✏ ともだちのサイン _____ _____ _____

たしざん1 ②

_____ くみ _____ ばん _____ なまえ _____

🏁 ゴール
ぜんいんが,「みんなで」というときに たしざんになることがわかり, たしざんのけいさんができる。

❶ えをみて,「みんなで」ということばをつかって, おはなしを つくりましょう。また, しきとこたえを かきましょう。

(1) 　[おはなし]
（れい）ちょうが 2 ひきとんでいます。そこに 3 びききました。みんなで, 5 ひきになりました。

[しき]　2 ＋ 3 ＝ 5　　[こたえ]　5 ひき

(2) 　　[おはなし]
（れい）ふたりであそんでいました。そこにふたりきました。みんなで, 4 にんになりました。

[しき]　2 ＋ 2 ＝ 4　　[こたえ]　4 にん

❷ たしざんの けいさんを しましょう。

(1) 1 ＋ 3 ＝ 4　　(2) 3 ＋ 2 ＝ 5　　(3) 2 ＋ 7 ＝ 9　　(4) 4 ＋ 4 ＝ 8

(5) 6 ＋ 1 ＝ 7　　(6) 1 ＋ 5 ＝ 6　　(7) 5 ＋ 5 ＝ 10　　(8) 2 ＋ 8 ＝ 10

❸ 「みんなで」ということばをつかって, たしざんのおはなしをつくりましょう。
3 にんにせつめいして, なっとくしてもらえたら サインをもらいましょう。

[おはなし]
（れい）3 にんで あそんでいました。そこに 4 にんきて,いっしょに あそぼうと いってきました。みんなで 7 にんであそびました。

✏ ともだちのサイン _____ _____ _____

たしざん1 ③

_____ くみ _____ ばん _____ なまえ _____

🏁 ゴール
ぜんいんが,「ふえると」というときにたしざんになることがわかり, たしざんのけいさんができる。

❶ えをみて,（ ）にあてはまるかずをかき, おはなしを つくりましょう。

きんぎょが　　　　　きんぎょが　　　　　きんぎょは,
(4) ひきいます。　(2) ひきふえると,　(6) ひきになります。

❷ えをみて, おはなしをつくり, かきましょう。あわせていくつになるかは, ブロックなどをおいて たしかめましょう。

[おはなし]
（れい）ねこが 5 ひきいました。
2 ひきふえたので, 7 ひきになりました。

❸ ❷でつくったおはなしを, ＋と＝をつかってしきにしましょう。こたえも かきましょう。

[しき]　5 ＋ 2 ＝ 7　　[こたえ]　7 ひき

❹ たしざんの けいさんを しましょう。けいさんのしかたを 3 にんに せつめいし, なっとくしてもらえたら サインをもらいましょう。

(1) 3 ＋ 6 ＝ 9　　(2) 5 ＋ 2 ＝ 7　　(3) 7 ＋ 3 ＝ 10

(4) 2 ＋ 1 ＝ 3

✏ ともだちのサイン _____ _____ _____

答え

たしざん1 ④

___くみ___ばん なまえ___

🏁 ゴール
ぜんいんが，たしざんカードをならべて，かずのかわりかたを せつめいすることができる。

❶ たしざんカードを つくりましょう。

❷ したのずのように カードをならべましょう。
※①〜⑤にどのカードをならべるか，かんがえてみましょう。

1+1	2+1	3+1	4+1	5+1	6+1	7+1	①	9+1
1+2	2+2	3+2	4+2	②	6+2	7+2	8+2	
1+3	2+3	3+3	③	5+3	6+3	7+3		
1+4	2+4	3+4	4+4	5+4	6+4			
1+5	2+5	3+5	4+5	5+5				
1+6	2+6	④	4+6					
1+7	2+7	3+7						
1+8	2+8							
⑤								

おなじ こたえに なる しきが あるよ。

① 8＋1
② 5＋2
③ 4＋3
④ 3＋6
⑤ 1＋9

❸ カードをならべて，かずのかわりかたで きづいたことを 3ついじょう かきましょう。
かいたものを 3にんに せつめいし，なっとくしてもらえたら サインをもらいましょう。

[きづいたこと]
(れい) ・たてにみると，こたえが 1つずつおおきくなっている。
・よこにみると，こたえが 1つずつおおきくなっている。
・ひだりしたからななめにみると，こたえがおなじになっている。
・ひだりうえからななめにみると，すべておなじかずどうしのたしざんになっている。 など

✏️ ともだちのサイン

❹ たしざんカードのおもてをみて，こたえをいう れんしゅうをしましょう。

たしざん1 ⑤

___くみ___ばん なまえ___

🏁 ゴール
ぜんいんが，0 のたしざんのもんだいをつくったり，けいさんを したりすることができる。

❶ わなげを 2 かいしました。はいったかずを あわせると なんこになるでしょうか。
えにあうように，しきにかいて，こたえをもとめましょう。

①
[しき] 3＋0＝3　　[こたえ] 3こ

②
[しき] 0＋2＝2　　[こたえ] 2こ

❷ 0＋3になるように もんだいをつくりましょう。3にんにせつめいし，なっとくして もらえたら サインをもらいましょう。

[もんだい]
(れい) きのうがっこうをやすんだひとは 0にんで，きょう やすんだひとは 3にんです。がっこうをやすんだひとは，あわせてなんにんでしょうか。

✏️ ともだちのサイン

❸ けいさんをしましょう。

(1) 1＋0＝ 1　　(2) 5＋0＝ 5　　(3) 6＋0＝ 6

(4) 9＋0＝ 9　　(5) 0＋4＝ 4　　(6) 0＋7＝ 7

(7) 0＋3＝ 3　　(8) 0＋0＝ 0

たしざん1 ⑥

___くみ___ばん なまえ___

🏁 ゴール
ぜんいんが，しきからもんだいをつくったり，たしざんのけいさんを したりできる。

❶ えをみて，6＋2 になるもんだいを つくりましょう。

[もんだい]
(れい) かだんに，あかいはなが 6ぽん さいています。きいろいはなが 2ほん さいています。かだんにさいているはなは，あわせてなんぼんでしょうか。

❷ えをみて，3＋2 になるもんだいを つくりましょう。

[もんだい]
(れい) あひるがいけで 3わ およいでいます。そこに 2わやってきました。あひるは，みんなでなんわになったでしょうか。

❸ ❶❷でつくったもんだいを，3にんにせつめいし，なっとくしてもらえたら サインをもらいましょう。

✏️ ともだちのサイン

❹ けいさんをしましょう。

(1) 4＋5＝ 9　　(2) 7＋3＝ 10　　(3) 0＋9＝ 9

(4) 6＋2＝ 8

ひきざん1 ①

___くみ___ばん なまえ___

🏁 ゴール
ぜんいんが，ひきざんのけいさんを，−と＝をつかってしきにすることができる。

❶ えをみて，(　) にあてはまるかずをかき，おはなしを つくりましょう.

みかんが　　　みかんを　　　のこりのみかんは
(4) こあります。　(1) こたべます。　(3) こです。

❷ えをみて，おはなしをつくり，かきましょう。あわせていくつになるかは，ブロックを おいてたしかめましょう。おはなしを 3にんにせつめいして，なっとくしてもらえたら，サインをもらいましょう。

[おはなし]
(れい) きにりんごが 4こなっています。おかあさんが 2こりました。のこりは 2こになりました。

✏️ ともだちのサイン

❸ ❷でつくったおはなしを，−と＝をつかって しきにしましょう。

[しき]　4−2＝2

ひきざん1 ②

___くみ___ばん　なまえ_____

🚩 ゴール
ぜんいんが、「のこりは」というときに ひきざんになることがわかり、ひきざんのけいさんができる。

❶ えをみて、「のこりは」ということばをつかって、おはなしを つくりましょう。また、しきとこたえをかきましょう。

(1) 　［おはなし］
（れい）くれよんが 5 ほんあります。おとうとに 3 ほんあげると、のこりは 2 ほんになります。

［しき］　5 − 3 = 2　　［こたえ］　2 ほん

(2) 　［おはなし］
（れい）とりが 3 わ、きにとまっています。2 わ とんでいくと、のこりは 1 わになります。

［しき］　3 − 2 = 1　　［こたえ］　1 わ

❷ ❶の（2）のけいさんのしかたを、ブロックをつかって 3 にんに せつめいし、なっとくしてもらえたら サインをもらいましょう。

✎ ともだちのサイン　[　　|　　|　　]

❸ ひきざんの けいさんをしましょう。
(1) 3 − 1 = **2**　(2) 4 − 3 = **1**　(3) 8 − 3 = **5**　(4) 9 − 2 = **7**
(5) 7 − 6 = **1**　(6) 6 − 4 = **2**　(7) 10 − 7 = **3**　(8) 10 − 2 = **8**

ひきざん1 ③

___くみ___ばん　なまえ_____

🚩 ゴール
ぜんいんが、ぶんから えに あらわし、しきを かいて けいさんすることができる。

❶ とまとが 7 こなりました。3 こたべました。のこりは なんこになるでしょうか。しきとこたえを かきましょう。

［しき］　7 − 3 = 4　　［こたえ］　4 こ

❷ こどもが 9 にんいます。おんなのこは 6 にんいます。おとこのこは なんにんでしょうか。もんだいぶんにあうように、えや、ずをかきましょう。

❸ ❷のしきをかいてこたえをもとめましょう。けいさんのしかたを 3 にんに せつめいし、なっとくしてもらえたら サインをもらいましょう。

［しき］　9 − 6 = 3　　［こたえ］　3 にん

✎ ともだちのサイン　[　　|　　|　　]

ひきざん1 ④

___くみ___ばん　なまえ_____

🚩 ゴール
ぜんいんが、ひきざんカードをならべて、かずのかわりかたをせつめいすることができる。

❶ ひきざんカードをつくりましょう。

❷ したのずの ように、ひきざんカードを じゅんに ならべましょう。
※ ①〜⑤にどのカードをならべるかかんがえてみましょう。

① 5 − 2
② 9 − 3
③ 7 − 4
④ 8 − 6
⑤ 10 − 7

❸ カードをならべて、かずのかわりかたで きづいたことを 3 ついじょう かきましょう。かいたものを 3 にんに せつめいし、なっとくしてもらえたら サインをもらいましょう。

［きづいたこと］
（れい）・ひだりからみぎにみると、こたえが 1 ずつふえている。
　　　・たてにみると、こたえが 1 ずつへっている。
　　　・ひだりうえからななめにみると、こたえがすべて 1 になっている。
　　　・みぎうえからななめにみると、こたえが 2 ずつへっている。

✎ ともだちのサイン　[　　|　　|　　]

❹ ひきざんカードをつかって、こたえをいれんしゅうをしましょう。

ひきざん1 ⑤

___くみ___ばん　なまえ_____

🚩 ゴール
ぜんいんが、0 のひきざんのけいさんをすることができる。

❶ バナナをたべます。のこりは なんぼんになるでしょうか。えにあうように、しきにかいて、こたえをもとめましょう。

(1) 　　［しき］　3 − 3 = 0
3ぽん たべると　　　　　［こたえ］　0 ほん

(2) 　　　　　　　　　　［しき］　3 − 0 = 3
1ぽんも たべないと　　　［こたえ］　3 ほん

❷ ❶のしきのりゆうを 3 にんにせつめいし、なっとくしてもらえたらサインをもらいましょう。

(1) （れい）バナナが 3 ほんあって、3 ほんたべて、3 ほんなくなったので、ひきざんになる。のこりのバナナは 1 ぽんもないから、0 になる。だから、3 − 3 = 0

(2) （れい）バナナが 3 ほんあって、1 ぽんもたべていないから、ひくかずは 0 になる。こたえは、もともと かわらないので 3。だから、3 − 0 = 3

✎ ともだちのサイン　[　　|　　|　　]

❸ ひきざんのけいさんをしましょう。
(1) 2 − 2 = **0**　(2) 7 − 7 = **0**　(3) 4 − 4 = **0**　(4) 1 − 1 = **0**
(5) 8 − 0 = **8**　(6) 9 − 0 = **9**　(7) 5 − 0 = **5**　(8) 0 − 0 = **0**

131

答え

ひきざん1 6

___くみ ___ばん なまえ___

🏁ゴール
ぜんいんが、どちらがおおいかかんがえるときに、ひきざんをつかうことをせつめいできる。

❶ ももはとまとより、なんこおおいでしょうか。どちらがおおいかをかんがえるときには、ひきざんをつかってもとめることができます。そのりゆうを、ずやブロックをつかって、3にんにせつめいし、なっとくしてもらえたらサインをもらいましょう。

[せつめい]

（れい）
もも ●●●●●
とまと ●●

どちらがおおいかは、せんでむすんでかんがえる。なんこおおいかは、ももから、とまとと せんでむすんである ものをひけばよいので、ひきざんになる。

[しき]　5－2＝3　　[こたえ]　3こおおい

✏ともだちのサイン ☐☐☐

❷ いぬは、ねこよりなんびき おおいでしょうか。しきをかいて、こたえをもとめましょう。

[しき]　7－4＝3

[こたえ]　3びきおおい

ひきざん1 7

___くみ ___ばん なまえ___

🏁ゴール
ぜんいんが、「どちらがどれだけおおいか」や「ちがいは」ときかれているときに、ひきざんのしきをかいてけいさんできる。

❶ うしとひつじでは、どちらがなんとう おおいでしょうか。

（1）どちらがおおいか ブロックをつかってしらべましょう。
（2）しきにかいて、こたえをもとめましょう。

[しき]　6－3＝3　　[こたえ]　ひつじが 3とうおおい

❷ くろいふうせんのかずと、しろいふうせんのかずのちがいはいくつでしょうか。

（1）どちらがおおいか ブロックをつかって しらべましょう。
（2）しきにかいて、こたえを もとめましょう。

[しき]　4－2＝2　　[こたえ]　2こ

❸ コップが 8こあります。さらが 6こあります。ちがいはいくつでしょうか。しきにかいて、こたえをもとめましょう。しきの りゆうを3にんに せつめいし、なっとくしてもらえたら サインをもらいましょう。

[しき]　8－6＝2　　[こたえ]　2こ

✏ともだちのサイン ☐☐☐

ひきざん1 8

___くみ ___ばん なまえ___

🏁ゴール
ぜんいんが、しきからもんだいをつくったり、ひきざんのけいさんをしたりできる。

❶ えをみて、6－4になるもんだいを つくりましょう。

（1）
[もんだい]
すいそうで きんぎょが およいでいます。あみで 4ひきすくうと、のこりはなんびきでしょうか。

（2）
[もんだい]
くろいふうせんとしろいふうせんがあわせて 6こあります。くろいふうせんは 4こあります。しろいふうせんは なんこでしょうか。

（3）
[もんだい]
おとこのこが 6にん、おんなのこが 4にんいます。どちらが なんにん おおいでしょうか。

❷ 8－3になるもんだいを じぶんでかんがえて つくりましょう。つくったもんだいを 3にんに しょうかいし、サインをもらいましょう。

[もんだい]
（れい）8にんで こうえんで あそんでいました。ならいごとがあるといって、3にん かえりました。のこりは なんにんでしょうか。

✏ともだちのサイン ☐☐☐

❸ ひきざんのけいさんをしましょう。
(1) 5－1＝ 4　(2) 9－3＝ 6　(3) 8－7＝ 1　(4) 10－8＝ 2

10よりおおきいかず 1

___くみ ___ばん なまえ___

🏁ゴール
ぜんいんが、「10のまとまり」をつくって かぞえることのよさを せつめいすることができる。

❶ ふうせんのかずを、2とおりのほうほうで かぞえましょう。

1とおりめ 　　2とおりめ

（れい）1とおりめ … 2ずつかこんでかぞえた。

（れい）2とおりめ … 10のまとまりをつくってかぞえた。

ふうせんのかず　14　こ

❷ かぞえるときに、10のまとまりをつくると かぞえやすくなります。それはなぜでしょうか。りゆうを 3にんに せつめいし、なっとくしてもらえたら サインをもらいましょう。

（れい）10のまとまりをつくると、10と あといくつということが ひとめでわかり、かずが わかりやすくなるから。

✏ともだちのサイン ☐☐☐

❸ かずをかぞえて、すうじでかきましょう。

(1) 　12 ひき

(2) 17 こ

10 よりおおきいかず 2

___くみ ___ばん なまえ___

🏁 ゴール
ぜんいんが、11 から 20 までのかずをかぞえて、すうじでかくことができる。

❶ かずを 10 のまとまりを つくってから かぞえて、すうじでかきましょう。

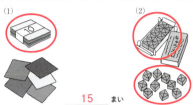

(1) 15 まい (2) 20 こ

(3) 13 こ

(4) 19 こ

❷ ❶のかずを、ただしくかぞえましょう。ただしく すうじをかけているか、3 にんにかくにんしてもらい、あっていたら サインをもらいましょう。

✏ ともだちのサイン [| |]

10 よりおおきいかず 3

___くみ ___ばん なまえ___

🏁 ゴール
ぜんいんが、かずをはやくかぞえたり、10 といくつでいくつになるかを かいたりできる。

❶ えをみて、こども、みかんのかずを それぞれかぞえましょう。

(1) こどものかず 12 にん   (2) みかんのかず 20 こ

❷ ❶のもんだいでは、どのようにかぞえると すばやくかぞえることができるか、3 にんにせつめいしましょう。なっとくしてもらえたら サインをもらいましょう。

(れい) (1) は 2 とびで、2, 4, 6…とかぞえると かぞえやすい。
      (2) は 5 とびで、5, 10, 15…とかぞえると かぞえやすい。

✏ ともだちのサイン [| |]

❸ □にかずをかきましょう。あっているかは、ブロックをつかってたしかめましょう。

(1) 10 と 5 で 15   (2) 10 と 1 で 11   (3) 10 と 8 で 18
(4) 12 は 10 と 2   (5) 16 は 10 と 6   (6) 13 は 10 と 3
(7) 17 は 10 と 7   (8) 20 は 10 と 10

10 よりおおきいかず 4

___くみ ___ばん なまえ___

🏁 ゴール
ぜんいんが、かずのおおきい ちいさいや、かずのじゅんばんを せつめいすることができる。

❶ どちらのかずが おおきいでしょうか。おおきいすうじのしたの(　)に○をかきましょう。

(1) 12 7   (2) 9 13   (3) 10 14
   (○)(　)   (　)(○)   (　)(○)

(4) 13 17   (5) 16 12   (6) 20 16
   (　)(○)   (○)(　)   (○)(　)

❷ かずのじゅんばんを かんがえて (　) にかずを かきましょう。なぜ、(　) にそのかずをかいたかを、3 にんにせつめいし、なっとくしてもらえたら サインをもらいましょう。

(1) - (11) - 12 - 13 - (14) -
(2) - 14 - 15 - (16) - 17 - (18) -
(3) - 10 - (12) - (14) - 16 - 18 -

✏ ともだちのサイン [| |]

❸ かずのせんをみて きづいたことを 3 つかきましょう。

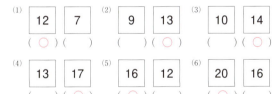

[きづいたこと]
(れい)・ひだりはしが 0 になっている。 ・おなじかんかくで、めもりがある。
     ・みぎにいくと、かずがおおきくなっている。 など

10 よりおおきいかず 5

___くみ ___ばん なまえ___

🏁 ゴール
ぜんいんが、10 といくつをしきにして けいさんすることができる。

❶ 14 は 10 と 4 です。また、10 と 4 で 14 です。(　) にあてはまるかずをかきましょう。

(1) 10 + 4 = (14)   (2) 14 - 4 = (10)

❷ じょうけんにあうように、しきにかき、こたえをもとめましょう。しきのりゆうとけいさんのしかたを 3 にんに せつめいし、なっとくしてもらえたら サインをもらいましょう。

(1) 10 に 6 をたしたかず   [しき] 10 + 6 = 16

(れい) 10 に 6 をたすと、10 のまとまりと 6 なので、あわせて 16 になる。

(2) 12 から 2 をひいたかず   [しき] 12 - 2 = 10

(れい) 12 は 10 と 2 にわけられる。
      2 - 2 = 0 なので、のこった 10 がこたえになる。

✏ ともだちのサイン [| |]

❸ けいさんをしましょう。

(1) 10 + 1 = 11   (2) 10 + 9 = 19   (3) 10 + 2 = 12
(4) 13 - 3 = 10   (5) 11 - 1 = 10   (6) 18 - 8 = 10

133

答え

10 よりおおきいかず ❻

___くみ___ばん なまえ___

🏁 **ゴール**
ぜんいんが，(10 いくつ) ＋ (いくつ)，(10 いくつ) － (いくつ) のけいさんができる。

❶ つぎのけいさんをしましょう。また，けいさんのしかたを，ずや ことばで かきましょう。
(1) 13 ＋ 2 ＝ (**15**)　(2) 17 － 3 ＝ (**14**)

[せつめい]
(れい)
・13 を 10 と 3 にわける。
・3 ＋ 2 ＝ 5
・10 のまとまりと 5 をあわせてこたえは 15 になる。

[せつめい]
(れい)
・17 を 10 と 7 にわける。
・7 － 3 ＝ 4
・10 のまとまりと 4 をあわせてこたえは 14 になる。

❷ けいさんをしましょう。
(1) 16 ＋ 3 ＝ **19**　(2) 14 ＋ 1 ＝ **15**　(3) 12 ＋ 5 ＝ **17**
(4) 17 ＋ 2 ＝ **19**　(5) 13 － 1 ＝ **12**　(6) 16 － 5 ＝ **11**
(7) 18 － 3 ＝ **15**　(8) 19 － 8 ＝ **11**

❸ えんぴつが 11 ぽんあります。さらに 4 ほんもらいました。ぜんぶでなんほんですか。しきと こたえをかきましょう。また，しきのりゆうと けいさんのしかたを 3 にんに せつめいし，なっとくしてもらえたら サインをもらいましょう。

[し　き] **11 ＋ 4 ＝ 15**　[こたえ] **15 ほん**

✏ ともだちのサイン

とけい 1 ❶

___くみ___ばん なまえ___

🏁 **ゴール**
ぜんいんが，とけいのよみかたを せつめいすることができる。

❶ じこくは，3 じと よむことができます。そのりゆうをかきましょう。
[りゆう]
(れい) じかんをさす みじかいはりが，3 をさしていて，ふんをさす ながいはりが，ふんのはじめである 12 ちょうどをさしているから。

❷ じこくは，1 じはんとよむことができます。そのりゆうをかきましょう。
[りゆう]
(れい) じかんをさす みじかいはりが，1 と 2 のあいだをさしていて，ふんをさすながいはりが，ちょうどはんぶんである 6 をさしているから。

❸ (1)〜(4) のとけいのじこくを かきましょう。とけいのよみかたを 3 にんに せつめいし，なっとくしてもらえたら サインをもらいましょう。

(1) (**5 じ**)　(2) (**10 じ**)
(3) (**5 じはん**)　(4) (**11 じはん**)

✏ ともだちのサイン

とけい 1 ❷

___くみ___ばん なまえ___

🏁 **ゴール**
ぜんいんが，とけいのはりをあわせたり，とけいのはりを かいたりすることができる。

❶ もけいのとけいのはりを，11 じ，3 じはんになるようにあわせましょう。

❷ (1) 6 じ，(2) 9 じはんになるように，とけいの ながいはりをかきましょう。

❸ じぶんのせいかつを，「〜じ (〜はん) に〜をしました。」と，4 つのぶんでかきましょう。また，それぞれのじこくにあうよう，もけいのじこくをあわせましょう。3 にんにせつめいし，なっとくしてもらえたら サインをもらいましょう。

(1) (れい) あさ 6 じはんに おきました。
(2) (れい) 8 じに がっこうに つきました。
(3) (れい) 12 じはんに きゅうしょくを たべました。
(4) (れい) 3 じに いえにつきました。

✏ ともだちのサイン

おおきさくらべ ❶

___くみ___ばん なまえ___

🏁 **ゴール**
ぜんいんが，ながさのくらべかたを せつめいすることができる。

❶ えんぴつを 2 ほんだして，2 ほんのえんぴつの ながさをくらべましょう。

❷ 2 ほんのひもの ながさをくらべましょう。ながいほうの ひもの いろをかきましょう。
(　　　　　)

❸ はがきのたてとよこの ながさをくらべましょう。たてとよこでは どちらがながいですか。
(**たて**)

❹ ❶〜❸のながさのくらべかたを 3 にんに せつめいし，なっとくしてもらえたら サインをもらいましょう。

(れい) ❶は，はしをあわせてちょくせつながさをくらべる。
　　　❷は，ひもをぴんとのばしてかさねてくらべる。
　　　❸は，おりまげてたてとよこをかさねてくらべる。

✏ ともだちのサイン

❺ ながいほうに○をかきましょう._
(1) ㋐ (○)　(2) たて (　)　よこ (○)
　　 ㋑ (　)
(3) ㋐ (　)　(4) たて (○)
　　 ㋑ (○)　　 よこ (　)

おおきくらべ ❷

_____くみ_____ばん　なまえ_____

🏁 ゴール
ぜんいんが、ながさをテープにうつしてくらべることができる。

❶ はかるものを 5つきめて、ながさをテープにうつしましょう。なにをはかったか、テープにかいておきましょう。

❷ ❶ではかったもののながさをくらべ、おおきいじゅんにかきましょう。
(1) (　　　　) (2) (　　　　) (3) (　　　　)
(4) (　　　　) (5) (　　　　)

❸ ながさをうつしたテープをグループごとにくらべましょう。
おおきいじゅんから5つ、ちいさいじゅんから5つかき、ひょうをつくりましょう。

[おおきいじゅん]
1	
2	
3	
4	
5	

[ちいさいじゅん]
1	
2	
3	
4	
5	

❹ ずをみて、いちばんながいものに○をつけましょう。

まどのはば　　(　　　)　　ろっかあのたかさ　(　○　)
つくえのたかさ　(　　　)

おおきくらべ ❸

_____くみ_____ばん　なまえ_____

🏁 ゴール
ぜんいんが、ながさをかずであらわすことができる。

❶ つくえの よこのながさを えんぴつをつかってはかり、ながさをかずで あらわしましょう。
えんぴつ　　　　　　　　　ほんぶん

❷ つくえの よこのながさを けしごむをつかってはかり、ながさをかずで あらわしましょう。
けしごむ　　　　　　　　　こぶん

❸ じぶんではかるものを 3つきめ、えんぴつ・けしごむでそれぞれはかり、かずであらわしましょう。3 にんにせつめいし、なっとくしてもらえたらサインをもらいましょう。

はかるもの	えんぴつ	けしごむ
	ほんぶん	つぶん
	ほんぶん	つぶん
	ほんぶん	つぶん

✏️ ともだちのサイン | | | |

❹ ながさをくらべましょう。

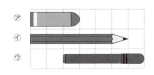

(1) いちばんながいのはどれですか。　(　イ　)
(2) ⑦と⑦では、どちらがますのいくつぶん ながいでしょうか。
(　ウ　) が (　2　) ますぶん ながい。

おおきくらべ ❹

_____くみ_____ばん　なまえ_____

🏁 ゴール
ぜんいんが、ひろさのくらべかたを せつめいすることができる。

❶ 2まいのカードの ひろさをくらべます。くらべかたをかきましょう。

[くらべかた]
(れい) ちょくせつ 2まいのカードをかさねて、どちらがひろいかをくらべる。

❷ ひろさは、したの ずのように、おなじおおきさのものをしきつめても くらべることができます。このくらべかたのよさをかきましょう。3にんにせつめいし、なっとくしてもらえたら サインをもらいましょう。

[くらべかた]
(れい) おおきさをすうじであらわすことができるので、どちらがおおきいかが、わかりやすい。

✏️ ともだちのサイン | | | |

❸ ❶と❷のほうほうで、いろいろなもののひろさをくらべてみましょう。

おおきくらべ ❺

_____くみ_____ばん　なまえ_____

🏁 ゴール
ぜんいんが、みずのかさをくらべることができる。

❶ 2つのみずのかさをくらべます。くらべかたを、3つのほうほうでかんがえて、かきましょう。

[くらべかた]
(れい) ・おなじおおきさのいれものにいれて、そのたかさでくらべる。
・ポットをからにして、やかんいっぱいのみずをいれて、あふれるかたちかめる。
・おなじコップにいれて、なんばいぶんあるかでくらべる。

❷ ❶でかんがえた 3つのほうほうで、みずのかさをくらべましょう。「〜だから…のほうがみずのかさがおおい」とそれぞれかきましょう。

[くらべかた]
(れい) ・おなじおおきさの いれものにいれたら、ポットのみずの たかさのほうがたかかったから、ポットのほうが みずのかさがおおい。
・ポットをからにして、やかんいっぱいのみずをいれても、みずがあふれなかったから、ポットのほうがみずのかさがおおい。
・おなじコップにいれたら、やかんはコップ 6 ぱいぶん、ポットはコップ 8ぱいぶんだったので、ポットのほうがみずのかさがおおい。

❸ どのようにしてくらべたら、どちらがおおいかが わかったのか3にんにせつめいし、なっとくしてもらえたら サインをもらいましょう。

✏️ ともだちのサイン | | | |

135

答え

おおきさくらべ 6

_____くみ_____ばん なまえ_____

🏁 ゴール
ぜんいんが、みずのかさのくらべかたをせつめいすることができる。

❶ コップのかずにちゅうもくして、3つのいれもののみずのかさをくらべましょう。

(**5**)はい (**6**)はい (**4**)はい
(**ⓘ**)がいちばんおおくはいる。

❷ 2つのいれもののみずのかさをくらべ、おおきいほうをえらびましょう。また、なぜ、おおきいといえるのかりゆうをかきましょう。3にんにせつめいし、なっとくしてもらえたらサインをもらいましょう。

(**ⓘ**)のほうがおおきい。

[りゆう]
(れい) ⓐのやかんには、コップ7はいぶんのみずがはいる。ⓘのポットには、コップ9はいぶんのみずがはいる。7より9のほうが2おおきいので、ⓘのポットのほうがおおきい。

✏️ともだちのサイン ☐ ☐ ☐

❸ コップをつかって、みぢかにあるもののかさをくらべてみましょう。

3つのかずのけいさん 1

_____くみ_____ばん なまえ_____

🏁 ゴール
ぜんいんが、3つのかずのたしざんやひきざんのけいさんのしかたをせつめいすることができる。

ねこが2ひきいます。そこに4ひききました。つぎに3びききました。ねこはみんなでなんびきになったでしょうか。

❶ もんだいぶんにあうように、1つのしきにかいてあらわしましょう。また、こたえももとめましょう。

[しき] **2 + 4 + 3 = 9**　　[こたえ] **9 ひき**

❷ ❶がなぜ、そのようなしきになったのか、また、けいさんのしかたを3にんにせつめいし、なっとくしてもらえたらサインをもらいましょう。

2ひきいて、4ひききたので、たす4、さらに3びききたので、たす3。だから、2+4+3になる。

✏️ともだちのサイン ☐ ☐ ☐

❸ 3つのかずのけいさんをしましょう。

(1) 4 + 1 + 2 = **7**　(2) 1 + 5 + 3 = **9**　(3) 6 + 4 + 3 = **13**
(4) 8 + 2 + 7 = **17**　(5) 7 − 3 − 2 = **2**　(6) 9 − 6 − 2 = **1**
(7) 15 − 5 − 4 = **6**　(8) 13 − 3 − 7 = **3**　(9) 19 − 9 − 6 = **4**

3つのかずのけいさん 2

_____くみ_____ばん なまえ_____

🏁 ゴール
ぜんいんが、たしざんとひきざんのまざった3つのかずのけいさんのしかたをせつめいすることができる。

いぬが3びきいます。そこに5ひききました。そして4ひきかえりました。いぬはなんびきになったでしょうか。

❶ もんだいぶんにあうように、1つのしきにかいてあらわしましょう。また、こたえももとめましょう。

[しき] **3 + 5 − 4 = 4**　　[こたえ] **4 ひき**

❷ ❶がなぜ、そのようなしきになったのか、また、けいさんのしかたを3にんにせつめいし、なっとくしてもらえたらサインをもらいましょう。

3びきいたところに、5ひききたので、たす5、そのあと4ひきかえったので、ひく4。さいしょはたして、つぎはひくので、3+5−4になる。

✏️ともだちのサイン ☐ ☐ ☐

❸ たしざんとひきざんのまざった3つのかずのけいさんをしましょう。

(1) 5 − 2 + 3 = **6**　(2) 8 − 6 + 1 = **3**　(3) 10 − 8 + 2 = **4**
(4) 10 − 5 + 4 = **9**　(5) 3 + 4 − 2 = **5**　(6) 2 + 7 − 5 = **4**
(7) 5 + 5 − 1 = **9**　(8) 1 + 9 − 3 = **7**　(9) 7 + 3 − 9 = **1**

たしざん2 1

_____くみ_____ばん なまえ_____

🏁 ゴール
ぜんいんが、こたえが10よりおおきくなるたしざんのけいさんのしかたをせつめいすることができる。

みさきさんはくりを8こ、けいこさんは3こひろいました。あわせてなんこひろったでしょうか。

❶ もんだいぶんにあうようにしきをかきましょう。

[しき] **8 + 3 = 11**

❷ けいさんのしかたを、ブロックをうごかしてかんがえましょう。

❸ 10をつくってからけいさんしてこたえをもとめましょう。また、けいさんのしかたをことばでかきましょう。3にんにせつめいし、なっとくしてもらえたらサインをもらいましょう。

[こたえ] **11 こ**

[けいさんのしかた]
(れい)
10のまとまりをつくって、10といくつになるかをかんがえる。
8はあと2で10になる。だから、3を2と1にわける。
8と2で10。のこった1と10をあわせてこたえは11になる。

✏️ともだちのサイン ☐ ☐ ☐

たしざん2 ②

_____くみ _____ばん なまえ_____

🏁 ゴール
ぜんいんが、10 をつくってからする、たしざんのけいさんのしかたを せつめいすることができる①。

❶ 9＋5 のけいさんのしかたを ことばでかきましょう。3 にんにせつめいし、なっとくしてもらえたら サインをもらいましょう。

[けいさんのしかた]
(れい)
10 のまとまりをつくって、10 といくつになっているかをかんがえる。
9 はあと 1 で 10 になる。だから、5 を 1 と 4 にわける。
9 と 1 で 10。のこった 4 と 10 をあわせてこたえは 14 になる。

✏️ ともだちのサイン ☐☐☐

❷ けいさんをしましょう。

(1) 9＋2＝ **11**　(2) 8＋8＝ **16**　(3) 9＋9＝ **18**

(4) 9＋6＝ **15**　(5) 8＋9＝ **17**　(6) 8＋6＝ **14**

(7) 7＋6＝ **13**　(8) 6＋5＝ **11**

たしざん2 ③

_____くみ _____ばん なまえ_____

🏁 ゴール
ぜんいんが、10 をつくってからする、たしざんのけいさんのしかたを せつめいすることができる②。

あめが 6 こあります。あとから 8 こもらいました。
あめは ぜんぶでなんこに なりましたか。

❶ しきは 6＋8 になります。6＋8 をけいさんするときには、6 を 10 にするよりも 8 を 10 にするほうが けいさんしやすいです。そのりゆうをかきましょう。

(れい) 8 のほうが 10 にちかいから、あといくつで 10 になるかわかりやすいから。

❷ 6＋8 のけいさんのしかたを ことばでかきましょう。3 にんにせつめいし、なっとくしてもらえたら サインをもらいましょう。

[けいさんのしかた]
(れい) 10 のまとまりをつくって、10 といくつになるかをかんがえる。
　　　8 はあと 2 で 10 になる。だから、6 を 2 と 4 にわける。
　　　8 と 2 で 10。のこった 4 と 10 をあわせてこたえは 14 になる。

✏️ ともだちのサイン ☐☐☐

❸ けいさんをしましょう。

(1) 3＋9＝ **12**　(2) 3＋8＝ **11**　(3) 5＋9＝ **14**

(4) 4＋7＝ **11**　(5) 8＋9＝ **17**　(6) 7＋9＝ **16**

(7) 7＋8＝ **15**　(8) 5＋7＝ **12**

たしざん2 ④

_____くみ _____ばん なまえ_____

🏁 ゴール
ぜんいんが、いろいろなけいさんのしかたを せつめいすることができる。

❶ 6＋7 のけいさんのしかたを 3 とおりかんがえて、ことばや ずで かきましょう。
3 にんにせつめいし、なっとくしてもらえたらサインをもらいましょう。

[けいさんのしかた]

10 のまとまりをつくって、10 といくつになっているかをかんがえる。7 はあと 3 で 10 になる。だから、6 を 3 と 3 にわける。7 と 3 で 10。10 とのこった 3 をあわせてこたえは 13 になる。

10 のまとまりをつくって、10 といくつになっているかをかんがえる。6 はあと 4 で 10 になる。だから、7 を 4 と 3 にわける。6 と 4 で 10。10 とのこった 3 をあわせてこたえは 13 になる。

10 のまとまりをつくって、10 といくつになっているかをかんがえる。5 と 5 で 10 になる。だから、6 を 5 と 1 にわけ、7 を 5 と 2 にわける。5 と 5 で 10。のこった 1 とのこった 2 で 3。10 と 3 をあわせてこたえは 13 になる。

✏️ ともだちのサイン

❷ けいさんをしましょう。

(1) 6＋5＝ **11**　(2) 7＋6＝ **13**　(3) 5＋8＝ **13**

(4) 6＋6＝ **12**　(5) 7＋4＝ **11**　(6) 5＋7＝ **12**

(7) 6＋7＝ **13**　(8) 7＋7＝ **14**　(9) 5＋6＝ **11**

たしざん2 ⑤

_____くみ _____ばん なまえ_____

🏁 ゴール
ぜんいんが、もんだいぶんをよみ、しきをたてて こたえをもとめることができる。

くろいはなが 7 ほんあります。しろいはなが 5 ほんあります。
はなはぜんぶで なんぼんありますか。

❶ しきをかいて こたえをもとめましょう。また、しきのりゆう、けいさんのしかたを かきましょう。3 にんにせつめいし、なっとくしてもらえたら サインをもらいましょう。

[しき] 7＋5＝12　　[こたえ] 12 ほん

[しきのりゆう]
(れい) はなはぜんぶでと きかれているので、くろいはなと しろいはなの ほんすうをあわせるたしざんの、7＋5 になる。

[けいさんのしかた]
(れい) 10 のまとまりをつくって、10 といくつになっているかをかんがえる。
　　　7 はあと 3 で 10 になる。だから、5 を 3 と 2 にわける。
　　　7 と 3 で 10。10 と のこった 2 をあわせてこたえは 12 になる。

✏️ ともだちのサイン

❷ けいさんをしましょう。

(1) 6＋5＝ **11**　(2) 7＋7＝ **14**　(3) 8＋5＝ **13**

(4) 3＋9＝ **12**　(5) 9＋4＝ **13**　(6) 8＋3＝ **11**

(7) 5＋9＝ **14**　(8) 3＋8＝ **11**　(9) 8＋7＝ **15**

137

答え

たしざん2 ⑥

＿＿＿くみ＿＿＿ばん　なまえ＿＿＿＿＿＿＿

🏁 ゴール
ぜんいんが，たしざんのもんだいを つくることができる。

❶ えをみて，8＋6のしきになるもんだいを
　つくりましょう。

[もんだい]
（れい）
ふうせんが8こあります。あたらしく6こもらいました。ふうせんは，ぜんぶでいくつになったでしょうか。

❷ 8＋6のしきになるもんだいを，じぶんで かんがえて つくりましょう。
　3にんにせつめいし，なっとくしてもらえたら サインをもらいましょう。

[もんだい]
（れい）
ビーだまを8こもっています。あたらしく6こもらいました。ビーだまは，ぜんぶでなんこになったでしょうか。

✏️ ともだちのサイン　｜　｜　｜　｜

たしざん2 ⑦

＿＿＿くみ＿＿＿ばん　なまえ＿＿＿＿＿＿＿

🏁 ゴール
ぜんいんが，たしざんカードをならべて，かずのかわりかたを せつめいすることができる。

❶ たしざんカードをつくりましょう。

❷ たしざんカードをしたのずのように，じゅんにならべましょう。
　※①〜④に どのカードをならべるかかんがえてみましょう。

9+2							
①	8+3						
9+4	8+4	7+4					
9+5	8+5	7+5	6+5				
9+6	8+6	7+6	6+6	5+6			
9+7	8+7	②	6+7	5+7	4+7		
9+8	8+8	7+8	6+8	5+8	③	3+8	
9+9	④	7+9	6+9	5+9	4+9	3+9	2+9

① 9＋3
② 7＋7
③ 4＋8
④ 8＋9

❸ カードをならべて，かずのかわりかたで きづいたことを3ついじょうかきましょう。
　かいたものを3にんにせつめいし，なっとくしてもらえたら サインをもらいましょう。

[きづいたこと]
（れい）・みぎにみていくと，こたえが1つずつ へっている。
　　　・みぎにみていくと，たされるかずが1つずつ へっている。
　　　・うえからしたにみてみると，たされるかずはおなじだけど，たすかずが1つずつふえている。
　　　・ひだりうえからななめにみると，こたえはすべて11になっている。
　　　・ひだりしたからななめにみると，すべておなじかずのたしざんになっている。など

✏️ ともだちのサイン　｜　｜　｜　｜

❹ カードをつかって，たしざんのこたえをいう れんしゅうをしましょう。

かたち1 ①

＿＿＿くみ＿＿＿ばん　なまえ＿＿＿＿＿＿＿

🏁 ゴール
ぜんいんが，ころがるかたちのとくちょうをせつめいすることができる。

❶ ちいさなさかをつくり，あつめた はこをころがして，ころがるものと ころがらないものに わけましょう。

❷ ころがるかたちと，ころがらないかたちの とくちょうを それぞれかきましょう。3にんにせつめいし，なっとくしてもらえたら サインをもらいましょう。

[ころがるかたち]
（れい）
まるいところがある。

[ころがらないかたち]
（れい）
まるいところがなくて，かどが かくばっている。

✏️ ともだちのサイン　｜　｜　｜　｜

かたち1 ②

＿＿＿くみ＿＿＿ばん　なまえ＿＿＿＿＿＿＿

🏁 ゴール
ぜんいんが，たかくつみあげやすい かたちのとくちょうを せつめいすることができる。

❶ グループごとに あつめたはこを，たかくつみあげましょう。

❷ たかく つみあげやすいかたちと，つみあげにくいかたちのとくちょうを，それぞれかきましょう。3にんにせつめいし，なっとくしてもらえたら サインをもらいましょう。

[たかくつみあげやすい]
（れい）
しかくくて，よこにながいかたちのはこは，つみあげやすい。

[つみあげにくい]
（れい）
まるいかたちのものは，つみあげられない。
ほそながいかたちのはこは，バランスがとりにくく，つみあげにくい。

✏️ ともだちのサイン　｜　｜　｜　｜

❸ たかくつむためには，どのように はこをつんでいくといいか，かんがえてかきましょう。

（れい）
したはなるべくおおきなはこにして，バランスをよくあんていさせる。
そのうえに，すこしおおきなはこ，そのうえに，ちゅうくらいのはこというようにつんでいく。

かたち1 ③

___くみ ___ばん なまえ___

🏁 ゴール
ぜんいんが，はこのとくちょうを いかしてさくひんを つくることができる。

❶ はこのとくちょうをいかして
さくひんをつくりましょう。

❷ どんなはこが どんなところで つかわれているかを かきましょう。3人にせつめいし，なっとくしてもらえたら サインをもらいましょう。

(れい)
ぼくは，はこをつかって，きしゃをつくりました。
まるいつつのはこを，きしゃの しゃりんに つかいました。
まるいつつのはこは，きしゃの えんとつにも つかいました。
ほそながい しかくのはこを よこにして，きしゃのゆかに しました。
ほそながい しかくのはこを たてにして，きしゃのかべに しました。

✏ ともだちのサイン

かたち1 ④

___くみ ___ばん なまえ___

🏁 ゴール
ぜんいんが，はこを 4つのなかまに わけることができる。

❶ あつめた はこのかたちをみて，4つのなかまにわけましょう。

❷ それぞれのなかまの かたちのとくちょうを かきましょう。
3にんにせつめいし，なっとくしてもらえたら サインをもらいましょう。

(れい) まるいかたち
まるくなっている。たいらなところがない。
さかをころがる。

(れい) つつのかたち
まるくなっているところと，たいらなところがある。
まるいところはさかをころがる。たいらなところはさかをころがらない。

(れい) ながしかくのかたち
かどがかくばっている。すべてたいらになっている。
さかをころがらない。

(れい) ましかくのかたち
かどがかくばっている。すべてたいらになっている。
さかをころがらない。ぜんぶのところがおなじかたちになっている。

✏ ともだちのサイン

かたち1 ⑤

___くみ ___ばん なまえ___

🏁 ゴール
ぜんいんが，はこのかたちをつかって，えをかくことができる。

❶ このかたちをつかって，すきなえをかきましょう。

(れい)

❷ どんなかたちをつかって，えをかいたかをかきましょう。3にんにせつめいし，なっとくしてもらえたら サインをもらいましょう。

(れい)
ぼくは ききゅうに のっているこどもの えをかきました。
ききゅうのまるは，つつのかたちを つかってかきました。
ききゅうのひとがのる ぶぶんは，ながしかくの かたちを つかってかきました。

✏ ともだちのサイン

ひきざん2 ①

___くみ ___ばん なまえ___

🏁 ゴール
ぜんいんが，10よりおおきいかずからの，ひきざんのけいさんのしかたを，せつめいすることができる。

とりごやに ひよこが 13わ いました。
8わ こやのそとに でていって しまいました。
のこりの ひよこは，なんわでしょうか。

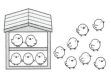

❶ もんだいぶんにあうように しきをかきましょう。

[し　き]　13－8＝5

❷ けいさんのしかたを，ブロックをうごかして かんがえましょう。

❸ 13を 10と 3にわけてから けいさんして，こたえを もとめましょう。また，けいさんのしかたを ことばで かきましょう。3にんにせつめいし，なっとくしてもらえたら サインをもらいましょう。

[こたえ]　5わ

[けいさんのしかた]

(れい)
13を10と3にわける。3から8はひけない。だから，10から8をひく。10－8＝2，この2と，さっきわけてのこった3とをたして
こたえは5になる。

✏ ともだちのサイン

139

答え

ひきざん2 ②

_____くみ_____ばん　なまえ_____

ゴール
ぜんいんが、10からさきにひく、ひきざんのけいさんのしかたを、せつめいすることができる。

❶ 14 − 7 のけいさんのしかたを ことばでかきましょう。3にんにせつめいし、なっとくしてもらえたら サインをもらいましょう。

[けいさんのしかた]

(れい)
14を10と4にわける。4から7はひけない。
だから、10から7をひく。
10 − 7 = 3, この3と、さっきわけてのこった4とをたして
こたえは7になる。

ともだちのサイン

❷ けいさんをしましょう。

(1) 14 − 9 = **5**　(2) 15 − 8 = **7**　(3) 11 − 8 = **3**

(4) 13 − 9 = **4**　(5) 12 − 6 = **6**　(6) 11 − 5 = **6**

(7) 13 − 5 = **8**　(8) 11 − 6 = **5**

ひきざん2 ③

_____くみ_____ばん　なまえ_____

ゴール
ぜんいんが、ひくかずを わけてからひく、ひきざんの けいさんのしかたを せつめいすることができる。

❶ 13 − 4 を、ひくかずの4を3と1にわけてから けいさんして、こたえをもとめましょう。また、けいさんのしかたを ことばでかきましょう。

[けいさんのしかた]

(れい) 4を3と1にわける。13 − 3 = 10, 10 − 1 = 9 なので、こたえは9になる。

❷ 11 − 3 を、ひくかずの3を1と2にわけてからけいさんして、こたえをもとめましょう。また、けいさんのしかたを ことばでかきましょう。

[けいさんのしかた]

(れい) 3を1と2にわける。11 − 1 = 10, 10 − 2 = 8 なので、0 こたえは8になる。

❸ ❶❷のけいさんのしかたを 3にんにせつめいし、なっとくしてもらえたら サインをもらいましょう。

ともだちのサイン

❹ けいさんをしましょう。

(1) 14 − 5 = **9**　(2) 12 − 4 = **8**　(3) 11 − 2 = **9**

(4) 13 − 5 = **8**　(5) 17 − 8 = **9**　(6) 11 − 4 = **7**

(7) 15 − 6 = **9**　(8) 16 − 7 = **9**

ひきざん2 ④

_____くみ_____ばん　なまえ_____

ゴール
ぜんいんが、いろいろなけいさんのしかたを せつめいすることができる。

❶ 14 − 6 のけいさんのしかたを 2とおりかんがえて、ことばでかきましょう。3にんにせつめいし、なっとくしてもらえたら サインをもらいましょう。

[けいさんのしかた]

(れい)
14を10と4にわける。4から6はひけないので、10から6をひく。
10 − 6 = 4, この4と、さっきわけてのこった4をたして、こたえは8になる。

(れい)
14を10と4にわける。4から6はひけないので、6を4と2にわける。
14 − 4 = 10, 10 − 2 = 8 になる。こたえは8になる。

ともだちのサイン

❷ けいさんをしましょう。

(1) 11 − 9 = **2**　(2) 14 − 8 = **6**　(3) 12 − 8 = **4**

(4) 13 − 8 = **5**　(5) 11 − 7 = **4**　(6) 13 − 6 = **7**

(7) 15 − 7 = **8**　(8) 12 − 7 = **5**

ひきざん2 ⑤

_____くみ_____ばん　なまえ_____

ゴール
ぜんいんが、もんだいぶんをよみ、しきをたてて こたえをもとめることができる。

めだかが14ひき、きんぎょが6ぴきいます。
めだかは、きんぎょより なんびきおおいでしょうか。

❶ しきをかいて こたえをもとめましょう。また、しきのりゆう、けいさんのしかたをかきましょう。3にんにせつめいし、なっとくしてもらえたら サインをもらいましょう。

[しき]　14 − 6 = 8　　[こたえ]　8ひき

[しきのりゆう]

(れい) どちらがなんびきおおいか きいているもんだいのこたえは、ひきざんで もとめられるから。

[けいさんのしかた]

(れい) 14を10と4にわける。4から6はひけないので、10から6をひく。
10 − 6 = 4, この4と、さっきわけてのこった4をたして、こたえは8になる。

ともだちのサイン

❷ けいさんをしましょう。

(1) 15 − 6 = **9**　(2) 16 − 9 = **7**　(3) 13 − 7 = **6**

(4) 12 − 3 = **9**　(5) 11 − 2 = **9**　(6) 14 − 8 = **6**

ひきざん2 ６

_____ くみ _____ ばん　なまえ _____

🏁 ゴール
ぜんいんが，ひきざんの もんだいを つくることが できる。

❶ えをみて，14－8のしきになる
　 もんだいをつくりましょう。

[もんだい]

(れい)
すずめが 14わ いました。そのうち 8わ，とんで いなくなってしまいました。
のこりは なんわ でしょうか。

❷ 14－8のしきになるもんだいを，じぶんで かんがえてつくりましょう。3にんにせつ
　 めいし，なっとくしてもらえたら サインをもらいましょう。

[もんだい]

(れい)
クッキーが 14まい ありました。おなかが すいていたので 8まい たべました。
のこりは なんまいでしょうか。

🖊 ともだちのサイン ｜　　　｜　　　｜　　　｜

ひきざん2 ７

_____ くみ _____ ばん　なまえ _____

🏁 ゴール
ぜんいんが，ひきざんカードをならべて，かずのかわりかたを せつめいすることができる。

❶ ひきざんカードをつくりましょう。

❷ ひきざんカードをしたの ずのように，じゅんにならべましょう。
　 ※①～⑤にどのカードをならべるかかんがえてみましょう。

```
11-2
11-3  12-3
11-4  12-4  13-4
11-5  12-5  13-5  14-5         ①  11－5
11-6  12-6  13-6  ③   15-6      ②  12－8
11-7  12-7  13-7  14-7  ④  16-7 ③  14－6
11-8  ②   13-8  14-8  15-8  16-8  17-8  ④  15－7
11-9  12-9  13-9  14-9  15-9  16-9  ⑤  18-9  ⑤  17－9
```
かあどを つかって
なんかいも
れんしゅうしましょう。

❸ カードをならべて，かずのかわりかたで きづいたことを 3つ いじょう かきましょう。
　 かいたものを3にんにせつめいし，なっとくしてもらえたら サインをもらいましょう。

[きづいたこと]

(れい)
● たてにみると，ひかれるかずは おなじで，ひくかずが 1ずつふえ，こたえが 1ずつへっている。
● よこにみると，ひかれるかずが 1ずつふえ，ひくかずはおなじで，こたえが 1ずつふえている。
● ひだりから みぎにいくにつれて，たてにあるカードのまいすうが 1まいずつへっている。
● うえから したにいくにつれて，よこにあるカードのまいすうが 1まずつふえている。
● ひだりうえから ななめにみると，こたえはすべておなじになっている。など

🖊 ともだちのサイン ｜　　　｜　　　｜　　　｜

❹ ひきざんカードをつかって，こたえをいう れんしゅうをしましょう。

たすのかな ひくのかな １

_____ くみ _____ ばん　なまえ _____

🏁 ゴール
ぜんいんが，もんだいぶんをよみ，しきをたててけいさんをすることができる①。

❶ まきばに こどもがいます。おん
　 なのこは 5にん，おとこのこは 6
　 にんです。みんなで なんにんい
　 ますか。しきをたてて，こたえを
　 もとめましょう。また，そのしきに
　 なった りゆうを かきましょう。

[しき]　5＋6＝11　　[こたえ]　11にん

[しきのりゆう]

(れい) おとこのこと おんなのこ，みんなで なんにんいるかを きいているから，おと
　　　このこと おんなのこのかずを あわせればよいので たしざんになる。

❷ すずめが 12わ います。9わ とんでいくと，のこりはなんわになりますか。
　 しきをたてて，こたえを もとめましょう。また，そのしきになったりゆうをかきましょう。

[しき]　12－9＝3　　[こたえ]　3わ

[しきのりゆう]

(れい) 12わいたうちのすずめの 9わが とんでいなくなってしまった。いなくなっ
　　　てしまったことをあらわすのはひきざんなので，ひきざんになる。

❸ ❶❷のしきのりゆうと けいさんのしかたを 3にんに せつめいし，なっとくしてもらえ
　 たら サインをもらいましょう。

🖊 ともだちのサイン ｜　　　｜　　　｜　　　｜

たすのかな ひくのかな ２

_____ くみ _____ ばん　なまえ _____

🏁 ゴール
ぜんいんが，もんだいぶんをよみ，しきをたてて けいさんをすることができる②。

❶ カードあそびをしました。
　 カードとりで，みさきさんは 9まい，さとるさんは
　 5まいとりました。カードはあわせて なんまいに
　 なりますか。しきをたてて，こたえをもとめましょう。
　 また，そのしきになったりゆうをかきましょう。

[しき]　9＋5＝14　　[こたえ]　14まい

[しきのりゆう]

(れい) カードはあわせると なんまいかをきいているから，みさきさんとさとるさんの
　　　カードをあわせればよい。あわせるときにはたしざんになる。

❷ カードとりで，ゆうじさんは 8まい，かずえさんは 12まいとりました。どちらが なん
　 まいおおくとりましたか。しきをたてて，こたえをもとめましょう。また，そのしきのり
　 ゆうをかきましょう。

[しき]　12－8＝4

[こたえ]　かずえさんが 4まいおおくとった

[しきのりゆう]

(れい) どちらが なんまいおおいかを きいている。なんまいまでおなじかをかんがえ，
　　　そのかずを おおいほうからひけば，どちらが なんまいおおいかがわかる。

❸ ❶❷のしきのりゆうと けいさんのしかたを 3にんに せつめいし，なっとくしてもらえ
　 たら サインをもらいましょう。

🖊 ともだちのサイン ｜　　　｜　　　｜　　　｜

答え

たすのかな ひくのかな 3

___くみ___ばん なまえ_____

🏁ゴール
ぜんいんが、なんばんめの けいさんのしかたを、せつめいすることができる。

❶ すすむさんは、まえから 5 ばんめに います。すすむさんのうしろに 4 にんいます。みんなで なんにんいますか。

(1) ばめんを ずに かきましょう。

(2) しきをたてて、こたえをもとめましょう。

[しき]　5 + 4 = 9　　[こたえ]　9 にん

❷ バスていに 11 にんならんでいます。えみさんは、まえから 6 ばんめにいます。えみさんのうしろに なんにんいますか。

(1) ばめんを ずに かきましょう。

(2) しきをたてて、こたえをもとめましょう。

[しき]　11 − 6 = 5　　[こたえ]　5 にん

❸ ❶❷のしきのりゆうと けいさんのしかたを 3 にんに せつめいし、なっとくしてもらえたら サインをもらいましょう。

✏️ともだちのサイン

たすのかな ひくのかな 4

___くみ___ばん なまえ_____

🏁ゴール
ぜんいんが、ずに おきかえて かんがえるもんだいの ときかたを、せつめいすることが できる。

❶ 7 にんが じてんしゃに のっています。じてんしゃは あと 2 だい あります。じてんしゃは、ぜんぶでなんだいありますか。

(1) ばめんを ずに かきましょう。

(2) しきを たてて、こたえを もとめましょう。

[しき]　7 + 2 = 9　　[こたえ]　9 だい

❷ いすが 5 こあります。8 にんで いすとりゲームをします。いすに すわれないひとは なんにんですか。

(1) ばめんを ずに かきましょう。

(2) しきを たてて、こたえを もとめましょう。

[しき]　8 − 5 = 3　　[こたえ]　3 にん

❸ ❶❷のしきのりゆうと けいさんのしかたを 3 にんに せつめいし、なっとくしてもらえたら サインをもらいましょう。

✏️ともだちのサイン

たすのかな ひくのかな 5

___くみ___ばん なまえ_____

🏁ゴール
ぜんいんが、おおいほうのかずを、ずにかいてもとめ、せつめいすることが できる。

❶ かるたとりを しました。あきさんは 9 まい とりました。けんたさんは、あきさんより 4 まい おおく とりました。けんたさんは なんまい とりましたか。

(1) ばめんを ずに かきましょう。

あきさん　●●●●●●●●●
けんたさん　○○○○○○○○○○○○○

(2) しきを たてて、こたえを もとめましょう。

[しき]　9 + 4 = 13　　[こたえ]　13 まい

❷ ねこが 7 ひき います。いぬは ねこより 5 ひき おおくいます。いぬは なんびき いますか。

(1) ばめんを ずに かきましょう。

ねこ　●●●●●●●
いぬ　○○○○○○○○○○○○

(2) しきを たてて、こたえを もとめましょう。

[しき]　7 + 5 = 12　　[こたえ]　12 ひき

❸ ❶❷のしきのりゆうと けいさんのしかたを 3 にんに せつめいし、なっとくしてもらえたら サインをもらいましょう。

✏️ともだちのサイン

たすのかな ひくのかな 6

___くみ___ばん なまえ_____

🏁ゴール
ぜんいんが、すくないほうの かずを、ずに かいてもとめ、せつめいすることが できる。

❶ あきかんひろいを しました。しんじは、11 こ ひろいました。さとみさんは、しんじさんより 3 こ すくなく ひろいました。さとみさんは なんこ ひろいましたか。

(1) ばめんを ずに かきましょう。

しんじさん　●●●●●●●●●●●
さとみさん　○○○○○○○○

(2) しきをたてて、こたえをもとめましょう。

[しき]　11 − 3 = 8　　[こたえ]　8 こ

❷ クッキーを 14 こ かいました。ケーキは、クッキーより 8 こ すくなくかいました。ケーキは なんこ かいましたか。

(1) ばめんを ずに かきましょう。

クッキー　●●●●●●●●●●●●●●
ケーキ　○○○○○○

(2) しきをたてて、こたえをもとめましょう。

[しき]　14 − 8 = 6　　[こたえ]　6 こ

❸ ❶❷のしきのりゆうと けいさんのしかたを 3 にんに せつめいし、なっとくしてもらえたら サインをもらいましょう。

✏️ともだちのサイン

たすのかな ひくのかな 7

_____くみ_____ばん なまえ_____

🏁 ゴール
ぜんいんが, ずに かいて もんだいをとき, しきのいみを せつめいすることが できる。

❶ おみせに ひとが ならんでいます。るみさんの まえに 5 にんいます。るみさんの うしろに 3 にんいます。ぜんぶで なんにん ならんでいますか。

(1) ばめんを ずに かきましょう。

るみさん

(2) しきをたてて, こたえを もとめましょう。

[しき]　5 + 1 + 3 = 9　　[こたえ]　9 にん

❷ バスていに ひとが ならんでいます。こうたさんの まえに 3 にんいます。こうたさんの うしろに 6 にんいます。ぜんぶで なんにん ならんでいますか。

(1) ばめんを ずに かきましょう。

こうたさん

(2) しきをたてて, こたえを もとめましょう。

[しき]　3 + 1 + 6 = 10　　[こたえ]　10 にん

❸ ❶❷のしきのりゆうと けいさんのしかたを 3 にんに せつめいし, なっとくしてもらえたら サインをもらいましょう。

✎ ともだちのサイン

おおきいかず2 ①

_____くみ_____ばん なまえ_____

🏁 ゴール
ぜんいんが, おおきいかずの かぞえかたを せつめいすることが できる①。

❶ えんぴつの かずを すうじで かきましょう。

(1) 　　(2)
　　42 ほん　　　　　60 ほん

❷ ❶のえんぴつをどのようにしてかぞえたのか, 「十のくらい」「一のくらい」ということばをつかって, かきましょう。3 にんに せつめいし, なっとくしてもらえたら サインをもらいましょう。

(れい)
(1) 10 のまとまりが 4 つ, ばらが 2 つある。十のくらいが 4, 一のくらいが 2 なので, 42 になる。
(2) 10 のまとまりが 6 つ, ばらはない。十のくらいが 6, 一のくらいが 0 なので, 60 になる。

✎ ともだちのサイン

❸ ブロックのかずを すうじで かきましょう。

(1)　48 こ　　　(2)　56 こ
(3)　54 こ　　　(4)　50 こ

おおきいかず2 ②

_____くみ_____ばん なまえ_____

🏁 ゴール
ぜんいんが, おおきいかずの かぞえかたを せつめいすることが できる②。

❶ かずを すうじで かきましょう。

(1) 　　(2)
　　46 まい　　　　　70 こ

(3) 　　(4)
　　53 こ　　　　　45 まい

❷ おおきいかずは 10 のまとまりを つくると, かぞえやすくなります。そのりゆうを「十のくらい」,「一のくらい」ということばを つかって かきましょう。3 にんにせつめいし, なっとくしてもらえたら サインをもらいましょう。

(れい) 10 のまとまりが いくつあるかを かぞえれば かぞえやすくなるので, 十のくらいが いくつかが すぐわかる。のこりの ばらのかずを 一のくらいに すればよい。

✎ ともだちのサイン

おおきいかず2 ③

_____くみ_____ばん なまえ_____

🏁 ゴール
ぜんいんが, かずのしくみを せつめいすることが できる。

❶ ブロックをみて, かずを すうじで かきましょう。また, かずのしくみを 2 とおりのいいかたでかきましょう。3 にんに せつめいし, なっとくしてもらえたら サインをもらいましょう。

(1) 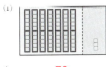　　(2)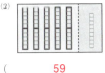
(73)　　　(59)

[かずのしくみ]

(れい)
10 を 7 こと, 1 を 3 こ あわせたかず。十のくらいが 7 で, 一のくらいが 3 のかず。

(れい)
10 を 5 こと, 1 を 9 こ あわせたかず。十のくらいが 5 で, 一のくらいが 9 のかず。

✎ ともだちのサイン

❷ ( ) に かずをかきましょう。

(1) 10 が 8 こで (80)
(2) 60 は 10 が (6) こ
(3) 十のくらいが 4, 一のくらいが 7 のかずは (47)
(4) 90 の 十のくらいのすうじは (9).
　　一のくらいのすうじは (0)

答え

おおきいかず2 ④

___くみ___ばん なまえ___

🏁 ゴール
ぜんいんが,100というかずや,かずの ならびかたを せつめいすることができる。

❶ ブロックのかずをかぞえてかきましょう。

ブロックのかず **100** こ

❷ 「100」はどんなかずでしょうか。2とおりのいいかたで, せつめいをかきましょう。

(**10を10こあつめたかず。**)　(**99より1おおきいかず。**)

❸ かずがならんでいます。

```
60 61 62 63 64 65 66 67 ㋐ 69
70 71 72 73 74 75 76 77 78 79
80 81 82 83 84 85 86 87 88 89
90 91 92 ㋑ 94 95 96 97 98 99
㋒
```

(1) (あ)〜(う)のかずをかきましょう。

(あ **68**) (い **93**) (う **100**)

(2) ひょうをみて, かずのならびかたのきまりを3つみつけてかきましょう。3にんにせつめいし, なっとくしてもらえたら サインをもらいましょう。

(れい)・十のくらいのかずがかわると, れつがかわる。
・たてにみると, 一のくらいのかずがおなじ。
・ひだりからみぎにみると, 1ずつかずがふえていて, うえからしたにみると, 10ずつかずがふえている。

✏ ともだちのサイン

おおきいかず2 ⑤

___くみ___ばん なまえ___

🏁 ゴール
ぜんいんが,かずの ならびかたや, おおきさの くらべかたを せつめいすることが できる。

❶ ( )に あてはまるかずを かきましょう。

(1) 43より4 おおきいかずは (**47**)
(2) 96より3 ちいさいかずは (**93**)
(3) 71より5 ちいさいかずは (**66**)
(4) 85 - 86 - (**87**) - 88 - 89 - (**90**)
(5) (**50**) - 60 - 70 - 80 - (**90**) - 100
(6) 45 - 50 - (**55**) - 60 - 65 - (**70**)
(7) (**99**) - 98 - (**97**) - 96 - 95 - 94

❷ つぎの 2つのかずを くらべましょう。おおきいほうの かずを えらんで, したの( )に○をつけましょう。おおきさの くらべかたを 3にんにせつめいし, なっとくしてもらえたら サインをもらいましょう。

(1) | 69 | 73 |　(2) | 50 | 48 |
(　) (**○**)　　(**○**) (　)

(3) | 78 | 87 |
(　) (**○**)

✏ ともだちのサイン

おおきいかず2 ⑥

___くみ___ばん なまえ___

🏁 ゴール
ぜんいんが,100より おおきいかずを かぞえて, すうじでの かきかたを せつめいすることが できる。

❶ ブロックはいくつあるでしょうか。かずを すうじで かきましょう。また, なぜ そのように かくことができるかの せつめいを かきましょう。

[せつめい]
(れい) 10のかたまりが10こあるので100。ばらが2こなので2。100と2をあわせて102になる。

102 こ

❷ おりがみは なんまいあるでしょうか。かずを すうじで かきましょう。また, なぜ そのように かくことができるかの せつめいを 3にんにせつめいし, なっとくしてもらえたら サインをもらいましょう。

[せつめい]
(れい) 100のかたまりが1こある。おりがみを10まいずつまとめると, 10のまとまりが1つで10。ばらが8まいで8。100と10と8をあわせて118になる。

118 まい

✏ ともだちのサイン

❸ ( )にあてはまるかずを かきましょう。

(1) 99 - (**100**) - 101 - 102 - (**103**) - 104
(2) 107 - (**108**) - 109 - (**110**) - 111 - 112
(3) (**119**) - 120 - 121 - 122 - (**123**) - 124

おおきいかず2 ⑦

___くみ___ばん なまえ___

🏁 ゴール
ぜんいんが,(なん十)+(なん十)のけいさんの しかたを せつめいすることが できる。

おりがみが 40まい あります。
40まい もらいました。
ぜんぶでなんまい あるでしょうか。

❶ しきに あらわしましょう。

[しき] **40 + 40 = 80**

❷ ブロックをつかって, こたえを たしかめましょう。

[こたえ] **80** まい

❸ ❶のしきの けいさんの しかたを かきましょう。ただし, 「10のまとまり」「4+4」ということばを つかいましょう。3にんに せつめいし, なっとくしてもらえたら サインをもらいましょう。

(れい) あわせていくつになるかは, 10のまとまりが いくつになるかで かんがえる。4+4=8 だから, 10のまとまりが 8こあることがわかる。10のまとまりが 8こで 80になるので, こたえは 80になる。

✏ ともだちのサイン

❹ けいさんを しましょう。

(1) 40 + 20 = **60**　　(2) 30 + 50 = **80**
(3) 10 + 70 = **80**　　(4) 80 + 20 = **100**

144

おおきいかず2 ⑧

_____くみ_____ばん なまえ_____

🏁ゴール
ぜんいんが，(なん十)ー(なん十)のけいさんの しかたを せつめいすることが できる。

おりがみが 70 まい あります。
30 まい つかいました。
のこりは なんまい あるでしょうか。

❶ しきに あらわしましょう。

[しき] 70 − 30 = 40

❷ ブロックをつかって，こたえを たしかめましょう。

[こたえ] 40 まい

❸ ❶の しきの けいさんの しかたを かきましょう。ただし，「10 のまとまり」「7 − 3」ということばを つかいましょう。3 にんにせつめいし，なっとくしてもらえたら サインをもらいましょう。

(れい) のこりが いくつになるかは，10のまとまりが いくつになるかで かんがえる。7 − 3 ＝ 4 だから，10 のまとまりが 4 こになることが わかる。10 のまとまりが 4 こで 40 になるので，こたえは 40 になる。

✏️ともだちのサイン _____

❹ けいさんを しましょう。

(1) 50 − 30 = 20　　(2) 90 − 20 = 70

(3) 70 − 40 = 30　　(4) 100 − 80 = 20

おおきいかず2 ⑨

_____くみ_____ばん なまえ_____

🏁ゴール
ぜんいんが，(2 けた)＋(1 けた)の けいさんの しかたを せつめいすることが できる。

32 ＋ 5 の けいさんのしかたを かんがえます。

❶ ブロックをつかって こたえを たしかめましょう。

[こたえ] 37

❷ 32 ＋ 5 の けいさんの しかたを かきましょう。ただし，「十のくらい」「一のくらい」ということばを つかいましょう。3 にんにせつめいし，なっとくしてもらえたら サインをもらいましょう。

(れい) 32 を 30 と 2 にわける。一のくらいの 2 に 5 をたして 7。30 と 7 をあわせて 37 になる。十のくらいはそのままで，一のくらいのたしざんをする。

✏️ともだちのサイン _____

❸ けいさんを しましょう。

(1) 26 ＋ 2 = 28　　(2) 94 ＋ 3 = 97

(3) 65 ＋ 4 = 69　　(4) 71 ＋ 8 = 79

おおきいかず2 ⑩

_____くみ_____ばん なまえ_____

🏁ゴール
ぜんいんが，(2 けた)ー(1 けた)の けいさんの しかたを せつめいすることが できる。

48 − 4 の けいさんのしかたを かんがえます。

❶ ブロックを つかってこたえを たしかめましょう。

[こたえ] 44

❷ 48 − 4 の けいさんの しかたを かきましょう。ただし，「十のくらい」「一のくらい」ということばを つかいましょう。3 にんにせつめいし，なっとくしてもらえたら サインをもらいましょう。

(れい) 48 を 40 と 8 にわける。一のくらいの 8 から 4 をひいて 4。40 と 4 をあわせて 44 になる。十のくらいはそのままで，一のくらいのひきざんをする。

✏️ともだちのサイン _____

❸ けいさんをしましょう。

(1) 28 − 2 = 26　　(2) 97 − 3 = 94

(3) 59 − 7 = 52　　(4) 38 − 5 = 33

とけい2 ①

_____くみ_____ばん なまえ_____

🏁ゴール
ぜんいんが，とけいの よみかたを せつめいすることが できる。

❶ じこくは，8 じ 10 ぷんと よむことが できます。
そのりゆうを かきましょう。

[りゆう]
じかんを さす みじかいはりが，8 を さしている。ふんを さす ながいはりが，はじめの 12 から 10 こめの めもりを さしているから。

❷ じこくは，なんじ なんぷんか，かんがえて かきましょう。とけいのよみかたと，かぞえかたのくふうを 3 にんに せつめいし，なっとくしてもらえたら サインをもらいましょう。

(1) 　(2) 　(3)

(1 じ 20 ぷん)　(6 じ 15 ふん)　(4 じ 47 ふん)

✏️ともだちのサイン

❸ とけいが あらわしている じこくを せんでむすびましょう。

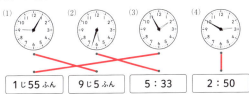

答え

とけい2 ②

___くみ ___ばん なまえ___

🏁 **ゴール**
ぜんいんが、じこくを とけいの もけいで あらわすことが できる。

❶ 10じ40ぷん、3じ26ぷんになるように、とけいのながいはりをかきましょう。

(1) 　(2)

❷ じぶんの せいかつを、じこくをいれて、4つのぶんで かきましょう。また、それぞれの じこくにあうよう、とけいの ながい はりと みじかい はりを かきましょう。3にんに せつめいし、なっとくしてもらえたら サインをもらいましょう。

(1) （れい）あさ、7じ45ふんに、いえを でました。

(2) （れい）10じ15ふんに、こうていで あそびました。

(3) （れい）1じ35ふんに、さいごの じゅぎょうが はじまりました。

(4) （れい）3じ23ぷんに、ともだちと こうえんで あそびました。

🖉 ともだちのサイン

かたち2 ①

🏁 **ゴール**
ぜんいんが、さんかくのいろいたをつかって、いろいろなかたちを つくることができる①。

❶ さんかくのいろいたを ならべて、いろいろなかたちを つくりましょう。できたかたちと、いろいたを なんまいつかったかをかきましょう。

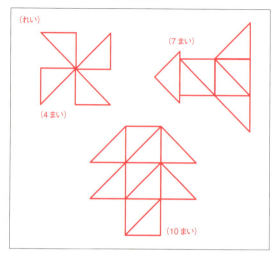

（れい）（4まい）（7まい）（10まい）

❷ いろいたを がようしにのせて、さくひんを つくりましょう。3にんに しょうかいして、サインをもらいましょう。

🖉 ともだちのサイン

かたち2 ②

___くみ ___ばん なまえ___

🏁 **ゴール**
ぜんいんが、さんかくのいろいたを つかって、いろいろなかたちを つくることができる②。

❶ いろいたをならべて、(1)〜(3)のかたちを つくりましょう。また、いろいたなんまいで できているかをかきましょう。

(1) 　(2) 　(3)

(**10**) まい　(**8**) まい　(**12**) まい

❷ したのかたちは、6まいの いろいたを ならべてできたかたちです。どのように ならべたか わかるように、せんを かきましょう。ならべかたを 3にんにせつめいし、なっとくしてもらえたら サインをもらいましょう。

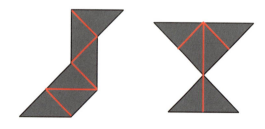

🖉 ともだちのサイン

かたち2 ③

___くみ ___ばん なまえ___

🏁 **ゴール**
ぜんいんが、かぞえぼうや、てんと せんをつかい、いろいろなかたちを つくることが できる。

❶ かぞえぼうをならべて、いろいろなかたちを つくりましょう。かぞえぼうを なんぼんつかって、なにができたかを かきましょう。

（れい）
3ぼんつかって、さんかくのかたちができた。
4ほんつかって、しかくのかたちができた。
6ぽんつかって、いえのかたちができた。 など

❷ てんと てんを せんで つないで、いろいろなかたちを つくりましょう。

（れい）

❸ ❶❷で つくったかたちを 3にんにしょうかいし、サインを もらいましょう。

🖉 ともだちのサイン

146

協　力	株式会社 教育同人社
編　集	ナイスク（http://naisg.com）
	松尾里央　高作真紀　鈴木英里子　杉中美砂　谷口蒼
装　丁	mika
本文フォーマット／デザイン・DTP	佐々木志帆（ナイスク）
イラスト	おたざわゆみ　久保田彩子　有限会社 熊アート　株式会社 バージョン
	ひろいれいこ　筧智子

小学校　算数
『学び合い』を成功させる課題プリント集　1年生

2018（平成30）年4月16日　初版第1刷発行

編著者　西川　純・木村　薫
発行者　錦織圭之介
発行所　株式会社 東洋館出版社
　　　　〒113-0021 東京都文京区本駒込5-16-7
　　　　営業部　TEL 03-3823-9206 ／ FAX 03-3823-9208
　　　　編集部　TEL 03-3823-9207 ／ FAX 03-3823-9209
　　　　振　替　00180-7-96823
　　　　http://www.toyokan.co.jp/

印刷・製本　藤原印刷株式会社
ISBN978-4-491-03519-2
Printed in Japan